이렇게 기도하는 나는 누군가

주기도문 해설

| 박지선 지음 |

THE LORD'S PRAYER

쿰란출판사

이렇게
기도하는
나는 누군가

머리말

기도와 응답에는 인과성이 있는가

열심히 기도하면 응답을 받는다는 말은 참말이 아니다. 왜냐하면 기도와 응답은 인과관계가 있는 것이 아니기 때문이다. 인과성이 있다는 주장은 기도와 응답의 관계를 오해한 결과다. 이 말은 내 말이 아니다. 예수는 "구하기 전에 너희에게 있어야 할 것을 하나님 너희 아버지께서 아시느니라"(마 6:8)고 말씀하신다. 하나님은 우리가 기도하므로 우리의 사정을 알게 되는 분이 아니다. 하나님은 우리가 기도하기 전에 우리의 모든 사정을 다 알고 계신 분이다. 그럼에도 불구하고 "이렇게 기도하라" 하며 주기도문을 주신 것은 그 기도문에 하나님의 크신 뜻이 있기 때문이다.

이제 말씀의 내용을 찾아보자. 하나님은 기도하기 전에 우리의 사정을 모두 알고 계시나, 기도하기도 전에 모든 문제에 응답을 주시리라는 말씀은 없다. 결국 주님께서 주신 기도로 간구해야 한다. 이렇게 기도를 주신 배경을 설명하신 후 "너희는 이렇게 기도하라" 하시며 주신 기도문이 "주기도문"이다.

사도신경은 믿는 자의 신앙고백이나, 주기도문은 주님께서 직접 가르쳐 주신 기도문이다. 현대교회에서 사도신경을 양자로 생각한다면, 주기도문은 서자 정도로 취급한다. 주기도문을 성경공부 모임이나, 기도 모임 후 마침 기도 정도로 생각한다면 문제가 있는 것이다. 예수께서 주신 기도를 이렇게 대한다면 우리를 어떻게 생각하실까?

이 책은 '어떻게 기도하느냐'를 찾아보는 것이 아니다. '누가 기도하는가'를 찾아보는 책이다. 이 책의 제목처럼 "이렇게 기도하는 나는 누구인가"를 찾아보는 것이다. 이제 "그리스도 예수 안에서" 자신의 정체성을 바로 깨달아 구원 받은 하나님의 자녀로 세상을 살고, 세상 마지막 날에는 새 하늘과 새 땅에서 하나님과 함께 살게 되는 우리 모두가 되기를 바라는 마음으로 이 책을 썼다. 한번 읽은 후 이해가 어려우면, 두세 번 반복하여 읽어보기를 권한다. 다소 생소한 단어는 이해를 돕기 위하여 풀어 설명하려고 노력하였다.

　이 책 읽기를 마칠 때, 당신의 마음에 하나님께서 주신 기쁨이 충만하여 당신을 통하여 하나님이 영광 받으시기를 기원한다. 특별히 하나님의 말씀을 많은 독자들과 나눌 수 있도록 여기까지 인도해 주신 하나님 아버지께 감사를 드린다.

　이 책이 완성되기까지 기도와 후원을 아끼지 아니하신 미국 아틀란타 연합장로교회 권오승 장로님과 권인옥 권사님께 감사드리며, 책 쓰기를 위하여 기도하며 원고 교정을 위하여 수고한 아내 박종신에게 감사의 마음을 전한다.

2024년 5월 1일
박지선 목사

목차

머리말
_ 기도와 응답에는 인과성이 있는가 • 4

주기도문 서문 하늘에 계신 우리 아버지시여 • 12
    부르심이 먼저인가 • 23
    누가 우리를 부르시나 • 25
    중생(거듭남)은 부르심의 응답이다 • 28
    중생한(거듭난) 자의 의지는 변하는가 • 31
    어떻게 변하면 하나님 아버지를 만나는가 • 33
    신앙은 가시적인가 • 38
    믿음을 지키려면 • 40
    우리를 의롭다 하심 • 42
    하나님의 양자 됨 • 47
    불변하시는 하나님 • 55
    아버지를 부르는 우리는 어떻게 변하는가 • 71

제1장 하나님의 이름이 거룩히 여김을 받으시오며 • 75

절대 존재의 하나님 • 81
삼위일체 하나님 • 85
제1위 성부 하나님 • 89
제2위 성자 하나님 • 89
제3위 성령 하나님 • 96
왜 하나님에 관하여 자세히 알아야 하나 • 98

제2장 하나님의 나라가 임하옵시며 그의 뜻이 하늘에서 이루어진 것같이 땅에서도 이루어지다 • 117

하나님의 나라가 가까이 있다 • 124
성화의 삶은 우리를 어떻게 변화시키는가 • 133

제3장 오늘날 우리에게 일용할 양식을 주옵시고 • 149

  기도의 역할 • 152
  어떻게 기도해야 하나 • 157

**제4장 우리가 우리에게 죄지은 자를 사하여 준 것같이
       우리 죄를 사하여 주옵시고** • 163

  세상에서 죄의 문제는 영원한 문제다 • 170
  우리가 우리에게 죄 지은 자를 사하여 준 것같이(1) • 173
  하나님의 자녀가 범죄하면 어떻게 되는가 • 179
  하나님은 어떤 이유에서 우리를 징계하시나 • 182
  복음의 말씀을 듣고도 변하지 않는 사람은 누구인가 • 190
  죄를 용서받은 우리는 어떻게 변하는가 • 193
  만일 우리가 죄 용서받지 못하면 • 195
  우리가 죄 사함 받은 후 어떤 은총을 받는가 • 196
  사죄받은 것을 감사하며 살기 • 199
  우리가 우리에게 죄 지은 자를 사하여 준 것같이(2) • 201

제5장 우리를 시험에 들게 하지 마옵시고
다만 악에서 구하옵소서 • 205

하나님의 도우심 • 224
시험을 이기려면 • 228
시험의 유익 • 230

맺는말
_ 열 처녀의 비유 • 234

주기도문 서문

하늘에 계신 우리 아버지시여

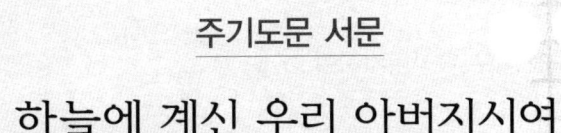

하늘에 계신 우리 아버지시여

　　　　주기도문은 예수께서 제자들의 요청에 응하여 가르쳐 주신 기도문이다. 주기도문을 요약하면, 하나님의 지혜를 우리에게 주시고 하나님께서 원하시는 바를 알려주신 기도문이다. 예수의 열두 제자는 모두 유대인이었다. 그러므로 그들은 하나님을 아버지라 부르며 주님께서 가르쳐 주신 기도를 시작할 수 있었다. 먼저 하나님께서도 유대 민족을 택하여 그의 자녀라고 부르셨기 때문이다. 주기도문은 우리가 예수 믿기 시작하여 세례 받을 때부터 지금까지 암기해온 기도문이다. 이 기도문을 암기해온 숫자를 헤아려 본다면 적게는 수백 번에서 수만 번이 넘을 것이다.
　이렇게 모두 다 알고 있는 기도문에 대하여 무슨 할 말이 있는가 생각하는 독자들도 많으리라 생각한다. 이 주제에 관한 서적 또한 아마도 수천 권이 넘을 것이다. 그 많은 책에 한 권의 책을 더한다는 것이 무슨 의미가 있는가. 그런 의미에서 나는 이 책을 쓰기로 결정하는 데 많은 시간을 고민하고, 또 고민했다. 왜냐하면 이 기도문 첫 줄에서 아연 마음의 문이 막히게 되었기 때문이다.
　그 문제의 단어가 하늘에 계신 우리 "아버지"였다. 그분 하나님을 우리의 아버지라 부르고 나서 기도를 시작해야 하기 때문이다. 먼저 예수 믿기 시작할 때 암기해야 하는 것 중 첫 번째가 주기도문이다. 다음은 사도신경이다. 목사님 또는 지도하는 분이 암기하라 했으니 암기하면서 예수를 믿게 되면 누구나 암기하고 보는 기도문으로 믿어왔다. 원래가 이 기도문은 예수께서 그의 제자들에게 주신 기도문이다. 마태복음에서는 예수께서 가르쳐 주신 것으로 설명된다. 그러나 누가복음에서는 제자 중에 한 명이 예수께 요청하여 예수께서 일러 주신 것으로 전해진다.

"제자 중 하나가 여짜오되 주여 요한이 자기 제자들에게
기도를 가르친 것과 같이 우리에게도
가르쳐 주옵소서"(눅 11:1).

그때는 세례 요한뿐만 아니라 유대 랍비들도 기도문을 만들어 제자들과 함께 기도하곤 하였다. 예수의 열두 제자들은 모두가 유대인이었다. 그러므로 그들은 하나님을 아버지로 부르는 데 아무런 걸림돌이 없었다. 구약성경을 보면 하나님은 이스라엘을 하나님의 백성으로 부르셨고, 이스라엘은 하나님을 아버지로 불렀다.

창세기 12장을 보면 아브람에게 본토 친척 아비 집을 떠나 지시할 땅으로 가라고 하시며 "내가 너로 큰 민족을 이루고 네게 복을 주어 네 이름을 창대케 하리니 너는 복의 근원이 될지라"(창 12:1-2)라고 하셨다. 하나님께서 복 주시기로 약속한 이스라엘은 항상 하나님을 아버지라 부르기를 그치지 않았다.

주기도문은 우리 신앙생활에서도 매우 중요하다. 하나님께서 모세에게 내려주신 이스라엘의 계명은 십계명이다. 그리고 하나님의 아들 예수께서 우리에게 내려주신 기도의 모범이 주기도문이다. 하나님께서 자신을 위해 성막을 지으실 때 모든 양식을 지시하신 것처럼 말이다(출 25:9). 예수께서 가르쳐 주신 기도의 양식이 바로 주기도문이다(마 6:9). 그러므로 "이렇게 기도하라"고 당부하셨다. 또 마태

복음 6장 5절에 이렇게 기도하지 말라고 하실 때, 외식하는 자와 같이 하지 말며 사람에게 보이려고 기도하지 말라고 하셨다. 또 이방인과 같이 중언부언하지 말라고 하셨다. 그리고 "이렇게 기도하라"고 기도문을 제자들에게 주신 것이다.

제자들이 예수의 말씀을 들은 후 말씀하신 기도문대로 기도드릴 때 하나님의 이름이 거룩히 여겨지며, 하나님의 나라가 그들 가운데 임하시며, 하나님의 뜻이 이 땅에서도 이루어지며, 제자들에게 일용할 양식을 공급해 주시고 죄를 사함 받고, 악으로부터 보호 받는 큰 은혜를 받게 될 것은 의심할 수 없는 하나님의 말씀이며 약속이었다.

이 진리는 우리 모두가 의심할 수 없는 말씀이며 약속이다. 이에 대하여는 우리 모두 의심의 여지가 없다. 이제 예수께서 일러 주신 대로 기도하며 나갈 때 위에서 언급한 모든 축복을 우리도 받을 것인지에 대해 질문해 볼 수 있다. 그 답은 바로 '아니다'이다. 이 질문의 대답은 부정적이다.

이 의문의 본질을 살펴보기 위해 처음에 언급한 "아버지"라는 주제로 돌아가서, 아버지와 우리의 관계를 정립할 필요가 있다. 이 문제의 정답을 먼저 찾아보고 나가자. 아무리 하나님께 아버지라 외치며 부른다 해도 가룟 유다는 아니었다. 예수께서 주기도문을 내려주실 때 가룟 유다는 그 앞에서 말씀을 들은 사람이다. 예수께서 그의 사역 초기 여러 곳을 옮겨 다니며 전도하실 때 그도 다른 제자들과 함께 복음을 전하는 충성된 제자로 보였다.

하지만 예수께서는 주기도문을 주실 때 가룟 유다가 마귀인 것을 다 알고 계셨다. 그러나 가룟 유다를 골라내어 벌하지 않으셨다. 이는 우리의 등골을 오싹하게 만드는 말씀이다. 우리가 주기도문대로 열심히 기도하며 주기도문의 역사가 자신에게 임하기를 원할 수는 있으나, 하나님의 자녀가 아닌 사람은 하나님의 축복을 기대하여도 소용이 없다.

이 주제가 이 책을 쓰게 된 주요 원인과 동기이다. 과연 누가, 또 어떤 사람이 주기도문의 모범을 따라 기도드릴 때, 하나님께 영광 돌리고 축복도 누리며 이 세상을 살게 될까 하는 것이다. 이는 우리 모두에게 아주 긴박하고도 절실한 과제다. 이 문제를 확실히 이해하지 못하고 삶을 마친다면 하늘나라의 소망은 이루어질 수 없음이 자명하기 때문이다.

그러므로 우리는 누가 기도해야 하는지 찾아 나서야 한다. 우리 모두 다 기도할 수 있다. 그러나 모두가 응답받는 것은 아니다. 문제는 누가 기도하느냐가 문제다. 기도하는 사람의 자격이 문제가 된다.

쉽게 말하면, 한국에서 외국인이 대한민국 시민이 되려면 모든 필요한 과정을 마친 후 법무부 장관 앞에서 "나는 자랑스러운 대한민국의 국민으로서 대한민국의 헌법과 법률을 준수하고 국민의 책임과 의무를 다할 것을 엄숙히 선서합니다"라고 선서를 끝내야 한국 국적의 시민권자가 된다. 그런데 선서를 마쳤다 해도, 시민권 자격에 부적격함이 발견되면 한국을 떠나야 한다. 곧 자격 없는 사람에게는 한국 국민의 혜택은 주어지지 않는다.

성경에도 이와 같은 일을 예수께서 직접 비유로 설명하신다.

"천국은 마치 자기 아들을 위하여
혼인 잔치를 베푼 어떤 임금 같으니
그 종들을 보내어 그 청한 사람들을
혼인 잔치에 오라 하였더니 오기를 싫어하거늘……
사거리 길에 가서 사람을 만나는 대로
혼인 잔치에 청하여 오너라 한대

종들이 길에 나가 악한 자나 선한 자나
만나는 대로 모두 데려오니 혼인 자리에
손이 가득한지라 임금이 손을 보러 들어올새
거기서 예복 입지 않은 한 사람을 보고
가로되 친구여 어찌하여 예복을 입지 않고
여기 들어왔느냐 하니 저가 유구무언이어늘
임금이 사환들에게 말하되 그 수족을 결박하여
바깥 어두움에 내어 던지라 거기서 슬피 울며
이를 갊이 있으리라 하니라"(마 22:2-13).

　이 말씀은 유대인의 죄상을 말하나, 그 가운데서 우리는 아주 중요한 말씀의 핵심을 찾아볼 수가 있다. 예수를 그들의 메시아로 받아들이지 않고 부정할 때 받게 될 형벌을 말씀한다.
　한편으로 우리에게도 복음을 거부한 자를 심판하시는 경고의 말씀이 된다. 실상 우리는 초청을 받고 교회에 나온 사람으로 혼인 잔치에 청함을 받은 사람이다. 그런데 하나님이 원하시는 예복을 입지 않은 자, 곧 하나님께서 보내신 예수를 믿지 아니하는 자를 향한 경고 메시지가 이 말씀이다. 교회에 잘 나오는 좋은 교인이나 실제로는 유대 청년 예수를 자신의 구원주 그리스도로 만나지 못한 사람의 이야기가 바로 이 비유의 말씀이다.
　심판의 날에 천국 잔치에 참여하는 기회는 박탈당하고 지옥으로 던져져서 그곳에서 이를 갈며 슬피 울게 된다는 말씀이다. 여기에 해당되는 사람이라면, 누구라도 소름끼치는 말이 아닐 수 없다. 이 비유의 말씀은 예수께서 친히 하신 말씀으로 성경을 믿는 사람은 어느 누구도 부인하거나 다른 해석을 할 수 없다. 그러므로 주기도문으로 기도를 시작하는 사람은 본인의 신앙 상태를 철저하게 그리고 바르게 점검할 필요가 있다. 진정으로 하나님의 자녀가 되지 못한다면 하나님 아버지를 천만 번 불러보아도 소용없다(눅 16:24). 부자가 죽어서 아브라함 품에 있는 나사로를 불러 도움을 청해도 아무 소용없었다(눅 16:26).

하나님의 자녀가 아닌 사람의 기도는 응답될 수 없다는 사실에 비추어 볼 때 예수를 자신의 그리스도로 믿는 확실한 믿음이 요청된다. 그렇다면 초신자나 아직 믿음의 확신이 없는 이는 기도할 필요가 없다는 말인가? 그것은 아니다. 이런 사람들도 열심히 기도해야 한다.

왜냐하면 하나님께서는 사랑과 은혜가 풍부하시므로 우리 모두를 사랑하시기 때문이다. 하나님께서는 선한 사람에게나 악한 사람에게나 모두에게 햇빛과 단비를 내려 주신다. 이것이 하나님의 '일반은총'이다. 그러나 하나님의 일반은총에는 사용 기한이 있다. 그 기간은 우리 삶의 마지막 날 바로 그 날까지이다.

예수를 은 삼십에 팔아넘긴 가룟 유다에게도 일반은총을 내려 주셨다. 가룟 유다는 열두 제자 중 한 사람으로 예수를 팔아넘기기 전까지는 아무도 그를 배신자로 생각하지 못했다. 제자 중에 재무를 담당하는 신실한 제자로 믿었다. 그러나 그는 마지막에 지옥으로 갔다.

여기서 예수 그리스도에 대한 믿음의 확신이 없는 사람이라면, 우리 또한 심각하게 고민해야 한다. 우리 주위 누구도 나를 모른다. 나의 배우자도, 가족도, 나를 모른다. 그런데 나는 알고 있다. 내가 신실한 믿음의 소유자인지를……. 그리고 하나님은 알고 계신다. 이제부터 솔직하게 살자. 하나님의 자녀라면 감사하며 살자. 만일 아니라면 하나님의 말씀대로 하나님의 자녀가 되자. 그 방법은 어렵지 않다. 바로 예수를 믿는 것이다. 하나님께서는 그의 자녀로, 우리는 하나님을 우리의 아버지로 부르는 관계로 나가면 되는 것이다.

마태복음 6장의 "주기도문"은 예수의 사역 초기에 제자들과 그를 따르는 무리를 향하여 선포하신 설교 말씀 중 하나다. 이 설교를 마치실 때에 유대교 지도자들과 청중들은 이같이 반응했다.

"예수께서 이 말씀을 마치시매
무리들이 그의 가르치심에 놀라니
이는 그 가르치시는 것이
권세 있는 자와 같고
저희 서기관들과 같지 아니함일러라"(마 7:28-29).

유대교 지도자들이 "놀랐다"는 말의 헬라어는 강력한 충격으로 정신을 잃을 정도가 되었다는 의미가 있다. 또 "저희 서기관들과 같지 아니하다"라는 뜻은 구약의 말씀과는 확실히 다른 그 무엇이 있다는 이야기다. 이에 무리들은 반대하고 나서지 못했다. 예수께서 선포하는 말씀에 보이지 않는 능력이 있었다는 증거다. 그 말씀의 증거를 이렇게 설명할 수 있다.

"서기관들과 바리새인들이 간음 중에 잡힌 여자를
끌고 와서 가운데 세우고……
모세는 율법에 이러한 여자를 돌로 치라 명하였거니와
선생(예수)은 어떻게 말하겠나이까……
저희가 묻기를 마지 아니하는지라
이에 일어나 가라사대
너희 중에 죄 없는 자가 먼저 돌로 치라 하시고"(요 8:3-7).

이 말씀은 잘 알려진 인간의 내면을 적나라하게 보여주는 이야기다. 8장 9절에서는 "저희가 이 말씀을 듣고 양심에 가책을 받아 어른으로 시작하여 젊은이까지 하나씩 하나씩 나가고"라고 그 광경을 설명하고 있다. 곧 인간에게는 보이지 않는 양심, 보이지 않는 죄, 보이지 않는 믿음이 있다는 것이다.

이 말씀이 산상수훈의 간음에 관한 말씀이다. 행위로는 아니나, 마음으로는 범죄할 수가 있다는 말씀이다. 하나님은 보이는 것뿐 아니라 보이지 아니하는 것들, 곧 인간의 심령까지도 보실 수 있으며, 인간의 선악까지도 아신다는 뜻이 된다. 살인의 문제도 동일하다. 사람을 죽이지는 않았으나 그 마음의 의도가 살인이라면 살인자가 되는 것이다.

> "옛사람에게 말한바 살인치 말라
> 누구든지 살인하면 심판을 받게 되리라
> 하였다는 것을 너희가 들었으나
> 나는 너희에게 이르노니 형제에게 노하는 자마다
> 심판을 받게 되고 형제에 대하여 라가라 하는 자는
> 공회에 잡히게 되고 미련한 놈이라 하는 자는
> 지옥 불에 들어가게 되리라"(마 5:21-22).

이 말씀은 십계명 제6계명과 깊은 관계가 있다. 십계명은 외면적인 결과를 말씀하고 있으나 예수께서는 심령 내면을 말하고 있다. 실제로 십계명의 모든 계명을 다 지키며 마음속으로는 하나님의 말씀을 순종하지 않는다 해도, 외면으로는 아주 훌륭한 유대인이 될 수 있었다. 그러나 예수께서는 인간 내면 심령의 세계까지도 온전한 하나님의 사람이 되기를 원하신다. 그러므로 예수께서 사역을 시작하실 때, 사람을 모으고 설교를 시작하신 것이다.

산상수훈은 예수께서 행하신 첫 설교다. 열두 제자를 임명하신 후 그들이 알아야 할 복음을 설명하는 설교가 산상수훈이다. 이 설교는 하루 이틀에 행하신 것이 아니며 3년 사역 초기에 하셨으니, 바로 교훈의 핵심이 이 산상수훈이다.

"심령이 가난한 자는 복이 있나니
천국이 저희 것임이요"(마 5:3).

심령은 우리 눈에는 보이지 않는 마음의 세계다. 그 마음의 세계에서 일어나는 일에 관한 말씀이다. 결국 하나님의 영이 지배하는 세계를 의미한다. 곧 성령이 역사하시는 세상을 말한다. 이제 예수께서 보시는 선과 악의 문제는 보이는 것뿐만 아니라, 보이지 않는 심령 깊은 곳까지 감찰하신다는 이야기다.

십계명을 지키고 따르는 것은 눈으로 보이는 것들이었는데, 예수의 가르치심은 인간 내면의 그 심령에서부터 가난해져서 하나님 외에는 다른 신을 섬길 수 없으며, 하나님만 섬겨야 한다는 것이다. 마음속에 하나님보다 더 사랑하는 것이 있다면, 심령이 가난한 사람이 아니라는 것이다.

"애통하는 자는 복이 있나니
저들이 위로를 받을 것임이요
온유한 자는 복이 있나니
저희가 땅을 기업으로 받을 것임이요"(마 5:4-5).

이 말씀 중 애통은 겉으로 보이는 비통함이 아니다. 인간 내면 깊숙한 곳의 애통이며 슬픔이다. 온유함도 보기에 온유해 보이고 조신

하게 행동하는 온유가 아니라, 심령 내면의 온유함을 말한다. 즉 인간 내면의 세계가 하나님의 성령의 역사로 변화된 온유함이다.

그러므로 예수께서는 제자들과 무리를 모으시고 보이는 행위의 문제를 넘어서 심령이 변하여 받게 될 하나님의 복을 설명하셨다. 예수께서 이렇게 인간의 심령에 하나님의 도를 말씀하기 전까지는 보이는 것으로 선과 악이 평가되었다. 구약의 십계명을 모두 지키고 순종하면서 그 속마음으로는 다른 생각을 한다 해도, 사람들에게 발견되지만 않는다면 무사한 것으로 생각했다.

결과적으로 이스라엘은 그들을 택하여 복 주신 하나님을 믿지 못했고, 하나님의 은혜도 받지 못했다. 그 결과가 바벨론의 포로가 되어 고생했으며, 430년 동안 하나님의 침묵하심은 그들에게 형벌이었다.

이제 처음으로 돌아가서 주기도문으로 기도하는 자신은 심령으로부터 우러나오는 목소리로 "하늘에 계신 아버지여!"를 부를 수 있는 사람인지 생각해보자. 당신이 자신 있게 아버지를 부를 수 있는 사람이라면, 감사하며 계속 기도하라. 그러나 "아니오"라면, 우리의 잘못을 고치자. 고치면 된다.

하나님을 아버지로 부르는 자녀가 되자. 곧 하나님의 자녀로 하나님이 주시는 축복을 풍성히 누리며 살자. 그 길이 하나님을 아버지로 만나서 죄를 용서 받은 하나님의 자녀가 되는 길이다. 그러면 그의 사랑하는 자녀로 이 세상을 살아가게 될 것이다. 이제 그 길을 성경에서 찾아 나서자.

먼저 우리는 하나님의 마음을 알아야 한다. 에덴동산에서 하나님의 말씀에 불순종하여 타락한 인간이지만 우리를 향한 하나님의 사랑은 변함이 없다. 하나님은 여전히 온 인류를 사랑하신다. 이제 하나님께서 우리를 어떻게 사랑하시는지 알아보자.

하나님께서 우리의 죄를 속하시며 구원하시려는 계획을 정하셨다. 그 구속의 역사가 옛언약(구약)으로부터 새언약(신약)으로 발전되는 과정은 둘이 아니라, 하나다. 바로 '은혜언약'이다. 은혜언약은 더 이상 짐승의 피가 아니라 예수의 피를 의지하여 산 제사를 드릴 때, 하나님의 은혜언약 안에 거하는 자녀가 되는 것이다.

세상 모든 인류는 하나님의 사랑을 받고 산다. 이 교리가 은총의 교리다. 세상 모든 신(god)들은 신의 말을 순종하면 복을 주고 거역하면 벌을 내린다는 원리를 따른다. 이것이 예외 없는 종교의 원칙이다. 그러므로 사람들은 신들의 요구에 맞추려 노력하며 고생한다.

그러나 우리 하나님은 그들과 절대로 다른 분이다. 하나님은 죄인에게도 은혜를 내리시고 사랑하셔서, 죄인이 중보자에게로 나가면 사죄하시고 구원하시며 복을 내려 주신다. 에덴 동산에서 죄를 범하기 이전의 자녀로 인도하시고 아버지와 자녀의 관계를 회복시켜 주신다. 이 과정 속에서 하나님께서는 죄인을 부르시고, 응답한 죄인을 다시 태어난 새사람으로 만들어 주시고, 의롭다 칭해주신 후, 하나님의 뜻을 따라 살게 하신다. 그리고 세상 마지막 날에는 하늘나라로 인도하신다. 이 말씀이 복된 말씀 "복음"이다. 그러므로 우리는 복음을 믿는다.

이 과정의 첫 번째가 하나님의 부르심이다. 이는 일차적 매체를 통하여 다음 행동이 일어나도록 정하신 결과다. 그러나 하나님의 강요하심이 아니다. 하나님은 인도하시나, 강요하지는 않는다. 결과는 전적으로 인간의 자유로운 행동에 의하여 일어나도록 허용하신다. 이에 대한 하나님의 책임은 없다. 곧 예수를 받아들이거나 거부하는 것에 대하여 하나님은 책임이 없다는 뜻이다.

"이제 교회로 말미암아 하늘에서
정사와 권세들에게 하나님의 각종 지혜를

알게 하려 하심이니 곧 영원부터
우리 주 그리스도 예수 안에서 예정하신 뜻대로 하신 것이라"(엡 3:10-11).

이 말씀에서 바울은 그리스도를 통하여 이방인에게 은총을 베푸시는 하나님에 대해 설명하고 있다. 그리고 이방인에게 구원의 은혜를 베푸시는 하나님의 경륜을 드러내는 것이 교회의 사명이며, 또 자신의 사명이라고 말한다. 교회를 통하여 일어나는 하나님의 뜻을, 영원 전부터 그리스도를 통한 구속 계획이라 말한다.

하나님의 구속 계획 안에서 하나님의 자녀가 되는 길을 찾기 위해서 좀더 자세히 말씀을 살펴볼 필요가 있다. 이제 하나님께서 우리를 부르시는 "부르심"에 응답하여 예수를 자신의 구원주 그리스도로 믿게 되는 과정을 살펴보자.

부르심이 먼저인가

신학자들 간에 부르심과 중생에 있어서 부르심 없이 중생할 수 없다는 주장과 "죄인이 성령으로 거듭나지 못한다면 부르심에 어찌 응답할 수 있겠는가" 하는 서로 다른 주장이 있다. 그러나 이는 문제되지 않는다고 생각한다. 한 인간의 심령에 부르심과 거듭남은 시간 차이가 있는 것이 아니기 때문이다. 복음의 말씀을 듣는 순간 거의 동시적으로 이 일이 일어나며, 자신이 죄인 됨을 깨닫는 순간 회개가 일어나게 된다.

"너희가 거듭난 것이 썩어질 씨로 된 것이 아니요
썩지 아니할 씨로 된 것이니

> 하나님의 살아있고 항상 있는 말씀으로 되었느니라,
> 오직 주의 말씀은 세세토록 있도다
> 하였으니 너희에게 전한 복음이
> 곧 이 말씀이니라"(벧전 1:23, 25).

부르심과 거듭남의 순서가 신앙에 미치는 영향은 전혀 없다. 그런 의미에서 설교로 선포되는 복음의 말씀이 거듭남보다 먼저라고 믿어도 별 무리는 없을 것이다. 이 주장은 설교 말씀 중 복음 선포가 외적 부르심으로 거듭남에 선행되며 외적 부르심이 내적 부르심으로 전환되어 거듭나서 새 생명이 시작되는 것이다. 이 관계를 '벨기에 신앙고백 24조'에서 이렇게 고백한다.

> 우리는 하나님의 말씀을 듣고
> 성령의 사역으로 인해
> 참된 신앙이 인간 안에서 일어나며
> 인간을 중생(거듭나고)시키고 새로운 인간으로 만들며
> 새로운 삶을 살게 하고 죄의 속박으로부터
> 그를 해방시킨다고 믿는다.
>
> — 벨기에 신앙고백 제24조 참조 —

이 신앙고백을 보면 성경을 통해 말씀을 듣고 우리 의지가 아닌 성령의 역사하심으로 말씀을 믿게 하셔서 중생(거듭나며)하여 새 삶을 얻게 된다고 말한다. 이 과정 속에서 우리의 조력 없이 하나님께서 행하신다는 것이다. 우리는 다만 하나님의 사역을 따라 순종하므로 삶이 변하여 거듭나게 되는 것이다. 이것이 '그리스도교의 신비'다. 곧 하나님께서는 복음을 선포하시며, 성령에 의해 우리의 심

령에 강하게 조명될 때에 우리는 나사렛 청년 예수를 자신의 구원주 그리스도로 믿게 되는 것이다.

부르심은 선포다. 예수를 자신의 메시아 그리스도로 만난 적이 없는 사람을 부르시는 선포다. 죄로부터 해방되어 하나님의 자녀로 살기 원하는 사람을 부르시는 것이다. 지금 우리가 하나님께 바라고 원하는 것은 무엇인가? 그것은 우리 삶이 더 나아져서 행복하게 사는 것이다. 그렇게 세상을 산 후에는 무엇을 바라는가? 지옥에 내려가지 않고 하늘나라, 천국에서 하나님과 영원히 사는 것이다. 우리는 이 모든 것을 바란다. 이 축복이 하나님께서 주시는 영원한 상급이다.

니고데모는 바리새인으로 유대인 공회의 회원이었다. 그는 학식과 명예를 소유했으며 세상을 살아가는 데 재정적인 어려움이 없는 사람이었다. 그는 죽음 후 영생에 관하여는 소망은 있었으나, 확신은 없는 사람이었다. 예수께서 행하시는 기사와 이적을 보며 "당신은 하나님께로서 오신 선생인 줄 아나이다"(요 3:2 참조)라고 예수를 하나님의 사람으로 고백했다.

뜻밖에도 이는 예수께서 니고데모를 불러주신 것이다. 니고데모는 죽은 후 다시 사는 기적을 요청한 사람이며 그 결과를 얻은 사람이다. 그것이 바로 우리가 가장 사랑하는 요한복음 3장 16절의 말씀이다.

누가 우리를 부르시나

부르심의 주체는 삼위일체 하나님이시다.

"내가 아버지께로서 너희에게 보낼 보혜사
곧 하나님 아버지께로서 나오시는

진리의 성령이 오실 때에
그가 나를 증거하실 것이요"(요 15:26).

이 말씀에는 성부 하나님의 사역과 성자 예수 그리스도의 사역과 성령의 사역이 모두 서술되고 있다. 먼저 성부 하나님께서는 우리에게 보내주시는 '위로자, 확신을 주는 자, 변호하시는 자'로 번역되는 성령을 예수께서 보내주시겠다고 말씀한다. 그리고 그 성령의 임무는 예수를 구원의 주로 증거하는 일이다. 이 일은 하나님의 일을 대신하는 것도 아니고 예수께서 스스로 성령을 보내시는 것도 아니다. 삼위 하나님께서 일하실 때 누가 누구를 지시하거나 지시를 받는 일 없이, 하나님의 역사가 이루어지는 것이다. 이 관계가 설명할 수 없는 "삼위일체 하나님의 신비"다.

이렇게 예수의 부르심은 우리가 성경 말씀을 읽거나 선포되는 말씀을 듣거나 하나님의 기적을 체험할 때, 그 사람의 심령에 변화가 일어나서 나사렛 청년 예수를 자신의 구원주로 믿게 되는 역사가 일어난다. 이것이 바로 성령의 역사다. 지금 우리는 하나님의 부르심을 살펴보고 있다. 외적 부르심은 복음의 설교를 듣는 모두에게 임한다. 성경을 읽는 사람에게도 동일하다. 부르심은 시대나 지역을 막론하고 모든 사람에게 임한다.

"수고하고 무거운 짐 진 자들아
다 내게로 오라
내가 너희를 쉬게 하리라"(마 11:28).

이 말씀은 외적 부르심이다. 이러한 하나님의 부르심에 응답하여 하나님을 만나게 될 때, 그 부르심을 '내적 부르심'이라고 부른다.

사실 부르심은 하나다. 그러나 이와 같은 신학적 분류는 말씀을 듣는 자들에게 선포된 하나님의 말씀을 '외적 부르심', 그리고 그 부르심이 한 사람의 심령에 역사하여 그리스도를 만나는 역사가 일어날 때, 같은 말씀이나 그것을 '내적 부르심'으로 구분한다.

외적 부르심도 신앙생활에서 매우 중요하다. 성경 말씀의 학습이 그것이다. 성경 말씀을 배우고 실행함으로 사람이 변할 수 있다. 교회사역에서 능동적으로 일하고 다른 사람에게 모범이 되며 칭찬까지도 받을 수 있다. 그렇기 때문에 자신감이 생기며 교회에서 직책을 받고 지도자가 될 수 있다. 그러나 죄책을 면제받고 구원받아 하늘나라에 가는 것과는 무관하다. 이런 사람은 하나님을 아버지라 불러보아도 하나님의 응답은 없다.

부르심을 어렵게 생각하지 말라. 아버지가 아들을 부르듯, 부르시는 것이다. 이에 응답하며, 나를 부르신 이를 믿고 나가면 되는 것이다. 그 내용이 복음이며, 그 복음의 내용은 예수를 자신을 죄에서 구원하시고 천국으로 인도하실 자신의 구원주 그리스도로 믿는 것이다.

> "하나님이 세상을 이처럼 사랑하사
> 독생자를 주셨으니 이는
> 저를 믿는 자마다 멸망치 않고
> 영생을 얻게 하려 하심이라"(요 3:16).

이 말씀은 우리 모두가 잘 알고 사랑하는 말씀이다. 하나님께서 우리를 사랑하사 벌 받지 않고 하나님 나라에 영원히 살 수 있도록 길을 열어주신 것이다. 그러므로 예수를 구원주 그리스도로 믿고 나오라는 부르심이다. 이에 응답한 우리에게는 하나님을 아버지로 부르는 데 있어서 그 어떤 걸림돌도 존재할 수가 없다. 이것보다 확실하고 명확한 부르심이 어디에 있겠는가.

이 말씀은 세상 모든 인류를 향한 말씀이나, 이를 믿고 응답하는 사람은 소수다. 이 복음의 말씀을 믿고 주께 나오는 것은 기적이다. 이 기적의 말씀이 복음이다. 성경 지식으로는 유대인의 선생이며 사회의 지도자인 니고데모가 영생을 찾고자 예수께 찾아와 질문했다. 그 질문의 답이 요한복음 3장 3절의 말씀이다.

이 말씀의 뜻은 지금의 자리에서 일어나 예수께로 나오라는 것이다. 지금까지 머물고 있던 자리에서 일어나 하나님의 빛 가운데로 나오라는 하나님의 부르심이다. 이렇게 밝은 빛으로 나올 때 하나님께서 새로운 사람으로 다시 태어나게 하신다.

이 일을 예수께서 니고데모에게 설명하실 때 니고데모는 이해하지 못하고, '어떻게 사람이 모태에 들어갔다 다시 날 수 있나이까' 하며 질문했다. 이에 대해 예수께서는 육으로 난 것은 육이요, 성령으로 난 것은 영이라고 말씀하셨다(요 3:6). 이것이 거듭남, 곧 중생이다.

이 말씀을 니고데모만 이해하지 못한 것은 아니다. 예수의 제자들도 바로 이해하지 못했다. 육신을 입고 사는 사람이 영의 일을 이해하고 또 믿는다는 것은 간단한 문제가 아니다. 열두 제자들은 예수께서 메시아로 유대를 통치하실 때 더 높은 자리를 기대하며 서로 다투기까지 했다(눅 22:24). 그러나 예수께서는 거듭나라고 부르신다.

중생(거듭남)은 부르심의 응답이다

중생이란 하나님 부르심의 응답이다. 죄인은 죽고 의인이 태어나는 것이다. 예수께서는 육으로 난 것은 육이며 영으로 난 것이어야 영적인 것이라고 설명해 주셨다. 중생이란 완전히 영적으로 변화하는 것이다. 이 역사는 인간의 의지가 아닌 성령의 인도로 이루어지는 것이다. 이렇게 거듭나는 방법을 예수께서 설명하여 주신 것이 곧 요한복음 3장 16절의 말씀이다. 중생은 인간을 향한 하나님의 새로운 창조 사역이 된다. 이렇게 거듭나는 과정에서 인간의 역할은 수동적이다.

"우리는 그의 만드신 바라
그리스도 예수 안에서 선한 일을 위하여
지으심을 받은 자니
이 일은 하나님이 전에 예비하사
우리로 그 가운데서 행하게 하려
하심이라"(엡 2:10).

중생한 사람은 먼저 그리스도 안에서 그의 삶이 새롭게 변하게 된다. 인간 내면의 심령이 변화되어 죄의 그늘 아래 살던 사람이 새로운 영적 새 생명을 부여받는다. 그리고 삶이 종교적으로, 도덕적으로, 윤리적으로 변하기 시작한다.

여기서 간과하지 말아야 할 일은 인간의 본성 자체가 변하지 않는다는 것이다. 말이 많던 사람이 갑자기 조용한 사람이 되는 것도 아니며, 성질 급한 사람이 양같이 순해지는 것 또한 아니다. 다만 영혼을 통제하여 행동하는 생명의 원천이 되는 인간의 마음에 변화가 찾아오는 것이다.

여기서 마음에 변화를 가져오는 우리의 이성은 현재 살아가는 실제 세계에 적합한 윤리나 도덕을 제공하지 못한다. 그러나 중생은 인간 본성에 영향을 미칠 수 있다. 그렇다고 해서 인간 본성의 실체가 완전히 변하여 더이상 죄와 허물이 없는 사람으로 변하는 것은 아니다. 다만 인간 본성에 좋은 영향을 끼치는 것은 분명하다. 이 변화는 지성과 감정과 의지의 변화를 수반한다. 이를 바울은 이렇게 설명한다.

"옛 사람과 그 행위를 벗어 버리고
새 사람을 입었으니 이는 자기를 창조하신
자의 형상을 좇아 지식에까지
새롭게 하심을 받는 자니라"(골 3:9-10).

여기서 하나님 형상을 따른 지식은 당연히 성경 말씀을 말하며, 그 말씀을 따라서 변하는 것을 말한다. 또 감정의 변화를 찾아서 생각해 보자. 새 사람이란 예수 그리스도 안에서 얻게 된 새로운 본성을 말한다. 옛 본성은 하나님이 원하시는 것이 아니다. 옛 본성이란 세상의 악으로 가득한 생활을 말한다.

그러므로 옛 본성을 벗어버리고 새로운 본성을 소유한 그리스도인으로 살아야 한다. 여기서 옛 사람은 거듭나기 전의 사람을 말하며, 아담의 죄성을 입고 사는 사람이다. 거듭난 새 사람과는 대조된다. 결국 거듭난 새 사람이란 예수를 자신의 그리스도로 믿는 사람이다. 이렇게 변화된 사람을 바울은 "새롭게 하심을 받은 자"라고 말한다.

중생을 입은 자는 그 마음에 평화가 찾아온다고, 베드로는 자신의 경험을 토대로 말한다.

"예수를 너희가 보지 못하였으나 사랑하는도다
이제도 보지 못하나 믿고 말할 수 없는
영광스러운 즐거움으로 기뻐하니"(벧전 1:8).

베드로는 3년 동안 예수를 따라다니며 배우고 전도할 때, 그가 누렸던 기쁨을 생각하며 "너희는 예수를 보지 못했으나 그로 인해 넘치는 기쁨을 누린다"라며 새 생명을 부여받은 중생한 사람의 삶을 이야기하고 있다. 그렇다. 우리가 하나님을 만나서 죄 사함 받은 후 하늘의 소망으로 이 세상을 살게 될 때에 어찌 기쁘지 않겠는가? 이것이 중생한 자의 기쁨이다.

중생한(거듭난) 자의 의지는 변하는가

그러면 거듭난 자의 의지는 어떻게 변하는지 알아보자.

> "주께서 너희 마음을 인도하여
> 하나님의 사랑과 그리스도의 인내에
> 들어가게 하시기를 원하노라"(살후 3:5).

데살로니가는 유대인과 그리스인으로 이루어진 번성하는 도시였다. 데살로니가 교회는 바울에 의해 설립된 교회로, 그 도시에 우상숭배가 만연할 때에 3주간 전도하여 세웠다. 데살로니가 교인들은 열심히 주를 믿는 헌신적인 사람들이었다. 그러나 유대인 그리스도인들의 잘못된 종말론으로(예수 재림의 문제) 교회가 핍박을 받을 때, 바울은 그들에게 인내하며 견디라는 권고를 하게 된다.

주께서 너희 마음을 인도하여 하나님의 사랑과 그리스도의 인내에 들어가기를 바라고 있다고 말한다. 믿는 자의 성화의 삶은 거듭난 자의 의지가 아니라, 하나님의 사랑과 그리스도가 보여주신 본을 따라가는 것이라고 설명한다. 이 말씀은 우리 인간의 모든 생각과 행동을 조정하신다는 뜻이 아니다. 우리를 죄에서 구원하사 하나님의 사랑과 그리스도를 묵상하며 살아갈 때, 우리 의지를 하나님의 선한 길로 인도하신다는 의미다. 곧 하나님의 나라는 우리 노력의 대가나 보상이 아니라, 성화의 삶을 사는 이들에게 내려 주시는 하나님의 긍휼의 선물이다.

하나님께서 우리 마음을 인도하셔서 중생을 체험하게 하실 때, 우리의 잠재 의식 속에서 변화가 일어나게 된다. 성령의 감화는 새로운 영혼의 지배적 성향이 거룩하게 되며 이와 같은 변화는 가시적 결과로, 본인도 자신이 중생한 자임을 자각하게 된다. 이처럼 본인이 느낄 때가 효과적인 부르심이 적용되는 것이다.

논리적으로 말하자면 먼저 복음의 말씀을 듣고(어린이는 제외) 성령의 역사로 예수를 자신의 그리스도로 믿은 후 영혼을 구원하시는 하나님의 말씀이 들리게 된다. 이것이 중생의 증거다. 이때부터 죄를 멀리하게 되며, 하나님을 부정하려던 마음이 하나님 말씀에 순종하게 된다. 그리고 하나님의 모든 말씀에 감화되어 살아가기 시작한다. 이렇게 부르심이 성령의 감화로 효과적으로 삶을 변화시키는 것을 "효과적 부르심"이라 부른다. 이때 중생한 사람이 된다.

그렇다면 신자는 예외 없이 중생해야 하는가? 어떤 이들(자유주의 신학자)은 중생의 필요성을 부인한다. 인간의 본성은 원래가 선하다는 어느 철학자(루소)의 주장을 따르고 있다. 그러나 이 철학자의 주장은 예수를 믿는 우리에게는 시빗거리가 되지 못한다. 여기서 중생의 문제는 인간이 선하고 악하고의 문제가 아니다. 밤에 예수께 찾아온 니고데모의 마음처럼 천국과 지옥의 문제다.

니고데모는 예수께서 전하시고 행하시는 것을 보고(요 3:2) 하나님의 나라를 움직이시는 그 어떤 분으로 생각하여 영생하는 길을 구했던 것이다. 그러므로 중생한 자의 의지는 변한다. 니고데모가 예수의 말씀을 듣고 그 자리에서 변한 모습이 성경에 기록되어 있지는 않지만, 그의 행적을 보면 거듭난 것 같다. 유대인들이 예수를 정죄할 때 유대인의 율법은 그 사람의 말을 들은 후에 정죄하는 예를 말하며, 그리스도의 사역을 믿은 것처럼 보인다.

그리고 예수를 장사할 때 몰약과 침향 섞은 것을 백 근쯤이나 가져온 것은 보아 그의 마음에 그리스도를 믿은 것 같다. 여기서 니고데모의 마음을 확실히 알 수는 없으나 한 가지 사실은 그가 변했다는 것이다. 예수를 그리스도로 만나면, 우리는 변하게 된다. 마음에 회개가 일어나게 되어 변한다.

어떻게 변하면 하나님 아버지를 만나는가

우리는 변해야 하나님을 만나 아버지라 부를 수 있다. 여기서도 마찬가지다. 하나님은 그의 자녀가 부르면 대답하시나, 마귀의 자녀가 하나님을 부르면 침묵하신다. 공자 사상에서는 중용 사상을 존중하나, 우리 그리스도교는 선과 악이 있을 뿐이다. 중간지대는 존재하지 않는다. 그러므로 하나님의 자녀가 아닌 사람의 현재 신분은 마귀의 자녀다. 이 논리는 성경적으로 맞다. 이를 면전에서 말한다면 듣는 사람은 마음이 몹시 상할 수 있으나 틀린 말은 아니다. 우리 모두 생각해 보자. 나는 지금 누구의 자녀인지를.

이 질문에 확신에 찬 대답으로 하나님을 아버지로 부를 수 있다면 감사하고 찬송하며 그 길을 가면 된다. 그러나 그 답이 부정적이라면 심각해져야 한다. 그리고 변해야 한다. 예수를 자신의 죄를 사하여 주신 후 하늘나라까지 인도해 주실 그리스도로 만나야 한다. 이 일을 위해 그는 십자가에서 피 흘리며 죽으셨다. 이렇게 우리의 마음이 변화되는 것이 회심이다.

회심을 어렵게 생각하지 말라. 이스라엘 민족에게 회심은 하나님을 버리고 우상을 섬기다가 다시 하나님께로 나오는 것이었다. 그러면 우리에게는 어떤 것이 회심이 되는가? 사실 우리도 많은 우상을 가지고 산다. 명예와 부귀, 건강과 아름다움, 학술과 재능 이외에도 모든 것을 하나님보다 더 소중한 것으로 여길 때, 우리는 우상을 섬기며 사는 사람이다. 이때 우리가 다시 하나님을 먼저 생각하며 그에게 나아가는 것이 회심이다.

누가복음 15장에 소개되는 탕자의 비유를 살펴보자. 탕자는 아버지가 주신 모든 재산을 낭비한, 전혀 쓸데없는 아들이었다. 그러나 그가 잘한 것 한 가지는 아버지께 돌아왔다는 것이다. 탕자가 아버지께 드린 것은 아무것도 없다. 아버지께 돌아온 것뿐이다. 탕자가 한 일은 '내가 일어나 아버지께로 가리라' 마음먹고 아버지께 나아간 것이다. 이것이 '회심'이다.

탕자가 아버지를 만나는 광경을 상상해 보자. 아들이 모든 욕심을 버리고 아버지 집으로 돌아올 때 먼 거리에서 아들을 발견한 아버지는 즉시 마중 나와 아들의 목을 안고 입을 맞추며 환영한다(눅 15:20). 아버지가 문을 열어 놓고 아들을 기다리고 있었다는 말이다. 여기서 아버지의 마음이 부르심이다. 문 열어놓고 기다리는 아버지의 마음에는 조건이나 제약이 없다. 왜냐하면 탕자는 그가 낳은 아들이기 때문이다. 아버지는 음식과 재산 그리고 아들의 지위까지 허락해 주셨다.

누가복음에서는 돌아온 아들이 그 후 어떻게 살았는지는 기록하고 있지 않으나, 하나님 부르심에 응답하여 회개한 사람은 그 마음에서 죄악을 멀리하고 하나님의 말씀을 따라 살아가려는 심령의 변화가 찾아오게 된다. 이때에 생각과 행동이 더이상 옛사람이 아니다. 중생한 사람으로, 예수를 자신의 구원주로 믿고 하나님께로 돌아가는 것이 회심이 된다. 이때 비로소 하나님을 자신의 '아버지'로 크게 부를 수 있게 되는 것이다.

"하나님의 뜻대로 하는 근심은
후회할 것이 없는 구원에 이르게 하는
회개를 이루는 것이요
세상 근심은
사망을 이루는 것이니라"(고후 7:10).

이 글은 바울이 고린도교회에 책망할 일이 있기로, 조력자 디도를 통해 보낸 편지 때문에 마음에 근심하며 후회하는 일이 있었다. 그런데 그 눈물의 편지로 고린도 교인들이 하나님 뜻대로 근심하며 회개하므로 죄를 깨닫고 바울을 만나 보기를 원한다는 소식이 들려왔다. 이때 쓴 글이 이 편지 고린도후서다.

이 말씀에서 우리가 주목해 보아야 할 말이 '하나님의 뜻대로 하는 근심'이다. 우리가 생각하기로는 근심은 내가 하는 것인데, 어떻게 하나님의 뜻대로 근심을 하란 말인가? 쉽게 이해할 수 있는 말이 아니다. 그런데 바울은 이렇게 설명하고 있다.

하나님 뜻대로가 아닌 세상 뜻대로 하는 근심의 결과는 구원이 아니라 사망이다. 그러므로 바울은 세상의 근심과 하나님의 뜻대로 하는 근심을 대조하여 설명하고 있다. 이와 같이 세상 사는 동안 우리 근심이 무엇을 위한 것인지 확실한 구분을 원한다면, 그 결과가 구원인지 사망인지를 따져보면 쉽게 알 수 있다.

여기서 하나님의 뜻대로 근심하는 자가 아니라면, 하나님의 뜻을 거역하는 자가 된다는 말이다. 또 하나님의 뜻을 경시하는 자도 하나님을 반대하는 자가 된다. 하나님의 뜻을 반대하고 경시하는 사람은 시험에 빠지고 고통받기를 자청하는 사람이다. 자신의 의지로만 세상을 살 때 하나님의 샬롬, 평화를 포기한 사람이다.

여기 세상 근심을 포기하고 하나님의 뜻대로 근심한 청년이 있다. 바로 요셉이다. 그는 여주인의 유혹을 거부하고 하나님의 뜻에 순종하여 축복을 누리는 본이 되었다. 그러므로 우리 마음이 세상으로만 향한다면 돌이켜 하나님께로 나아가야 한다. 우리를 속죄하시는 그리스도께 나가는 마음이 곧 믿음이 된다. 그러므로 회개와 믿음은 병행하여 성도의 심령에 임하게 된다. 그 결과로 회개와 믿음은 동전의 양면과도 같다.

존 머레이는 이 관계를 "회개하는 믿음, 믿는 회개"라는 용어로 연관성을 설명했다. 따라서 진정으로 구원을 원한다면 죄로부터 돌아서는 회개가 있어야 한다. 변화하지 않고서 죄의 자리에 머물러 있다면 그것은 회개가 아니라 가식일 뿐이다. 회개는 한 개인의 의식에서부터 일어나는 변화다.

이 변화는 인간 내면에서의 변화다. 회개한 사람이 자기의 잘못을 사과하고 재정적인 보상까지 하며 적극적인 모습을 보이는 것을 진정한 회개로 보아서는 안 된다. 우리는 그 사람의 마음속을 알 수 없기 때문이다. 회개는 자신만이 알 수 있는 심령의 문제다. 왜냐하면 그렇게 하는 행위가 구원의 조건이 되지 못하기 때문이다. 구원 받는 데 소극적 수단이 된다는 것을 부인할 수 없으나, 구원은 오로지 하나님의 부르심에 응답한 자만이 받게 되는 축복이다.

성경 말씀을 읽는 중에, 설교 말씀을 듣는 중에, 어떤 이는 눈물로 회개하는데 또 다른 이는 아무런 변화도 없다면, 이 회개는 심리학적인 현상으로 해석이 가능한 것일까? 최근 심리학에서도 회심에 관하여 관심을 보이고 있다. 얼마 전까지만 해도 심리학에서는 종교적 회심에 관하여 무시해 왔다. 그런데 이제 심리학자들이 관찰된 환경에서 회심의 문제를 연구하여 경험 중심의 귀납적 사례를 기초로 하여 초자연적 회심을 부정하지는 않는다. 그러나 긍정은 꺼리고 있다. 심리학자들은 '회심은 청소년기에만 발생할 수 있으며 하나님의 뜻이 개인의 의지를 조화시킨 결과'라고 주장하여, 하나님의 초자연적인 역사는 부정하지 못하고 있다.

> "저희가 이 말을 듣고 잠잠하여
> 하나님께 영광을 돌려 가로되
> 그러면 하나님께서 이방인에게도
> 생명 얻는 회개를 주셨도다 하니라"(행 11:18).

회개는 내가 하는데, 이 말씀에서는 하나님께서 회개의 주체가 되신다고 말한다. 이방인에게 복음을 전한 베드로는 비난을 받았다. 이때 베드로가 유대인들에게, 로마의 백부장 고넬료에게 복음 전한 이야기를 들어 설명할 때, 유대인의 반응이 이 말씀이다.

고넬료의 집에 초대받은 베드로가 복음을 전하며 예수를 소개할 때, 고넬료와 온 집안이 하나님을 영접하는 일이 있었다. 누가는 성령을 통한 고넬료의 회심을 소개하면서 하나님의 성령이 먼저는 고넬료에게 역사하셔서 환상을 보게 하셨고, 다음으로는 베드로에게 나타나셔서 이방인도 복음이 필요한 것을 알게 하셔서, 고넬료의 온 가족이 그리스도를 영접하는 일을 하셨다고 말한다.

이렇게 하나님의 부르심에 응답하여 거듭난 심령이 과거 죄를 자복하고 유대 청년 예수를 하나님이 내게 주신 구원주 그리스도로 믿을 때, 그 믿는 마음이 신앙이 된다. 그러므로 그리스도인이란 보이는 것으로 행하는 사람이 아니라, 믿음으로 행하는 사람이다.

신앙은 가시적인가

표면적으로 신앙은 가시적이지 않다. 그러나 다른 면에서는 가시적이다. 신앙을 본 사람은 없다. 그런데 우리는 신앙으로 살고 있는 사람을 본다. 여기에서 신앙이 가시적인가 아닌가를 따지자는 이야기가 아니다. 신앙의 본질을 찾아보기 위함이다. 신앙을 파악한다는 것은 그렇게 신비적인 일이 아니다. 매우 간단한 이론이라고 생각한다. 그것은 한마디로 "하나님을 신뢰하느냐"에 대한 문제다. 그 예는 구약성경에서 언급되었는데, 예수께서는 요한복음 3장에서 인용하셨다. 이제 예수께서 하신 말씀을 들어보자.

"모세가 광야에서 뱀을 든 것같이
인자(예수)도 들려야 하리니
이는 저(예수)를 믿는 자마다
영생을 얻게 하려 하심이니라"(요 3:14-15).

니고데모가 밤에 예수를 찾아와 영생하는 길을 묻자, 예수께서 그 답으로 요한복음 3장 16절을 주셨다. 그런데 그 답을 주시기 전에 설명으로 주신 말씀이 위 구절이다. 이는 요한복음 3장 16절에 나오는 신앙의 본질을 설명하신 말씀이다.

애굽을 떠난 이스라엘이 광야에서 먹을 것과 마실 것을 불평하자 하나님께서는 불뱀을 보내사 많은 사람이 뱀에 물려 죽게 하셨다. 이 재앙에 모세는 하나님께 기도하여 백성의 살길을 구했고, 이스라엘이 사는 방법을 주셨다. 그 방법은 놋으로 뱀을 만들어 장대 위에 높이 달고 놋뱀을 쳐다보는 것이다(민 21:5-9).

이제 죽게 된 자를 살린 놋뱀처럼, 십자가에 달리신 예수를 믿는 것이 우리가 사는 길이며 신앙의 길이 된다.

그러므로 첫째로 신앙은 예수를 바라보는 것이다(민 21:9; 요 3:14). 온 마음을 다해 어떤 대상을 바라보고 섬길 때 신앙은 자라나게 된다. 몸과 마음으로 정성을 다해 예수를 자신의 구원주 그리스도로 바라볼 때 예수로부터 축복을 받게 되는 것이다.

둘째로 신앙은 예수의 복음에 목말라하는 것이다(마 5:6; 요 6:50-58). 신앙은 배고프고 목말라하는 것이다. 사람은 필요에 따라 행동한다. 필요를 더이상 느끼지 않는다면 사람은 활동을 휴지한다. 이것이 세상에서 육체를 입고 사는 사람의 모습이다.

그러나 하늘나라를 소망하는 사람이라면 세상의 것을 넘어서 존재하는 그 무엇을 찾아야 한다. 천국을 소망하는 사람의 의식에는 신령한 나라에 대한 목마름과 배고픔이 있어야 한다. 사람은 자신에게 필요한 것을 느끼면 열심히 그 필요를 갈구한다. 곧 결핍을 회복하려는 노력이 신앙의 모습이다. 이것이 그리스도를 내 자신의 구주로 모시려는 마음이고, 예수를 더 사랑하게 하고 따르게 하는 이유가 된다. 이런 마음이 신앙이다.

그러므로 신앙은 예수를 영접하는 것이다(요 5:30, 7:37). 우리가 영생을 얻기 위해 그에게 나아가는 것이다. 자신의 공로를 생각하지 않고서 예수께로 나아가는 것이다.

요한복은 3장 16절의 말씀을 다시 살펴보면 하나님께서 우리를 사랑하사 독생자 예수를 우리에게 주셨으며, 누구든지 저를 믿으면 영생하리라는 말씀이다. 여기서 "누구든지"라는 말은 우리가 얼마나 의로운지, 죄가 많은지, 따져 묻지 않겠다는 하나님의 마음이다. 이 한마디의 말씀이 우리 모든 공로를 무효화시킨다. 우리가 지은 죄가 많아도, 공로가 없어도 구원하신다는 이 말씀을 믿고 예수를 자신의 구원주 그리스도로 영접하는 것이 신앙이다. 이런 신앙으로 예수께 나아갈 때 성도는 흔들림 없이 신앙생활을 할 수 있게 된다. 그런데 이 신앙을 심오한 마음의 결단으로 생각하며, 지적으로 받아들인 진리에 대한 자기복종으로 생각한다면 복음적이며 칭의적인 신앙이라고 할 수 없다.

예수 믿는 것을 너무 쉽게 생각하면 안 된다. 놋뱀을 바라본 사람은 모두 살려 주셨다고 말하나, 마음속에 "놋뱀을 바라보면 살리라" 하는 말씀을 진정으로 믿은 사람만 죽지 않고 살게 된 것이다. 지금 우리도 예수의 이름을 믿기만 하면 되는 것인가? 그것은 아니다. 진정한 신앙은 자신의 심령에 예수가 그리스도로 믿어져야 하며, 그 믿음이 삶에서 보여야 한다. 야고보는 진정한 신앙인이 되지 못한 채 입으로만 믿는 신앙을 지적하여 그런 믿음을 죽은 믿음, 곧 믿음이 아니라고 말한다(약 2:17).

믿음을 지키려면

이제 어떻게 하면 우리의 믿음을 잘 지킬 것인가 찾아보자. 무엇이 우리를 믿음 안에서 살도록 인도하는가?

먼저는 하나님의 말씀이다. 우리는 아는 지식과 경험을 바탕으로 세상을 살아간다. 아침 잠에서 깨어날 때를 알아야 하고, 일하다 저녁이면 침상에 누울 때도 알아야 무리 없이 잘 살 수 있다. 세상 사는 일이 알고 있는 지식 안에서 생각과 행동이 이루어진다는 것이다.

믿음 생활도 이와 같다. 하나님의 뜻대로 살려고 하면 하나님께서 원하시는 것은 무엇이며, 그가 원하지 않는 것은 무엇인지 알고 있어야 한다. 그 모든 말씀이 성경이다. 우리는 성경에서 하나님의 말씀을 배울 수도 있고 성경 속의 사건들을 통하여 간접적으로 경험할 수도 있다. 우리가 믿음을 지키려면 하나님의 말씀을 배워야 한다.

두 번째는 말씀대로 실천해야 한다. 실천이란 하나님 말씀에 대한 신뢰와 동의가 따라야 한다는 것이다. 이것이 바로 신앙이며, 신뢰와 동의가 없는 실천은 가면이고 가식이다. 하이델베르크 요리문답 21편에서는 신앙을 이렇게 정의하고 있다.

> 하나님께서 말씀 안에서 우리에게 계시하신
> 모든 것이 진리라고 인정하는 확실한 지식뿐 아니라
> 성령이 복음으로 내 안에 일으키는
> 내면으로부터 신뢰를 신앙이라고 정의한다
> – 하이델베르크 요리문 21 참조 –

이 이론을 쉽게 이해하자면 신앙은 두 가지 측면이 존재한다는 사실을 알아야 한다. 먼저는 하나님의 말씀을 알아가는 측면에서 수동적인 면이며, 다음으로는 인지한 지식의 말씀을 따라 신앙생활을 하는 능동적인 면이다. 그러므로 신앙은 양심이 자라나듯 자라나게 되는 신기한 하나님의 역사다.

이제 '우리의 신앙은 가시적인가'로 돌아가서 살펴보자. "모세가 광야에서 뱀을 든 것같이 인자도 들려야 하리니 이는 저를 믿는 자마다 영생을 얻게 하려 하심이니라"(요 3:14-15)에서 보듯이 우리 죄를 대속하시려 십자가에 달리신 예수를 나의 죄를 사하신 그리스도로 믿는 것이 신앙이다.

그런데 앞서 살펴본 대로 신앙의 본질이 성경 말씀을 학습하여 숙지하는 것이고, 또 그 말씀대로 행동하는 것이라는 설명은 무엇인가? 말씀을 아는 것과 행하는 것, 두 가지로 이해하면 안 된다. 간단히 이해하자면 성경 말씀은 예수께서는 창세전부터 존재하셨고(요 1:1), 그를 통한 구속사의 실현은 인간의 몸을 입고 세상에 오심으로 이루어졌다고 설명한다.

그러므로 신앙의 상태를 여러 길로 설명할 수는 있으나, 그 본질은 예수께서 행하신 대로 십자가에 달리신 그를 구세주로 믿는 것이다. 이때 신앙은 확고한 믿음으로 평안과 감사와 기쁨과 찬양의 신앙생활로 나아갈 수 있게 되는 것이다. 이 신앙생활을 성화라고 부른다.

우리를 의롭다 하심

구약에서는 어떤 개인의 지위와 행위가 율법의 요구에 일치하는 것을 의롭다고 칭했다. 십계명의 모든 말씀과 일치하는 생각과 행위를 의롭다고 한 것이다. 그러나 신약에서는 다르다. 신약에서는 다른 사람의 의가 전가됨으로 그 역사하심을 받아들여 믿는 것을 의롭다고 칭한다. 이렇게 믿는 사람이 의로운 사람이다. 이것이 하나님의 법이다.

사실 신약성경에는 하나님께서 어떤 경로를 통해서 죄를 사해주시는지 확실한 답을 찾을 수는 없다. 다만 구약성경의 말씀을 통하여 유추해 볼 수 있을 뿐이다. 구약의 피 흘림의 제사와 이사야 53장의 고난 받는 종을 통하여, 우리가 그리스도의 죽음을 통하여 죄 용서 받을 수 있음을 암시 받을 뿐이다.

신약에서는 죄사함이 어떻게 이루어지는지 설명하기보다는, 우리 죄는 예수를 구원주로 믿을 때 하나님께서 죄 없는 자처럼 인정해 주신다는 "칭의"를 선포한다. 죄인이 예수를 믿을 때 의롭지는 못하나, 하나님의 사랑으로 의롭다 칭하여 주시는 것을 우리는 칭의라고 부른다. 지금까지 살펴본 대로 하나님 부르심에 응답하여 거듭난 새 사람이 되고 죄를 회개하고 십자가 보혈로 정하게 되었다고 인정받은 결과가 칭의다.

> "곧 이 때에 자기의 의로우심을
> 나타내사 자기도 의로우시며
> 또한 예수 믿는 자를 의롭다
> 하려 하심이라"(롬 3:26).

여기서 '이 때'는 하나님께서 자신의 의로우심을 나타내시고자 예수 믿는 자들을 의로운 자로 인정해(칭의) 주시는 때를 말한다. 곧 로마서 3장에서 하나님께서는 인간의 악행을 길이 참으시며 인간의 죄를 대신할 화목제물을 준비하셨다. 그 화목제물이 십자가의 고난을 받으신 예수다. 하나님 공의대로 심판하신다면, 우리 모두는 지옥으로 간다. 그러나 우리를 사랑하사 예수를 화목제물로 보내주셔서 죄를 사하여 주시고 의로운 자로 인정하여 우리를 구원하신 것이다.

그러므로 칭의는 하나님의 역사하심이라는 것에는 의문이 없다. 하나님께서 의롭다고 인정하신 거듭난 자에게 어느 누구도 하나님의 판결에 이유를 달아서 비난할 수 없다. "누가 능히 하나님이 택하신 자들을 송사하리요 의롭다 하신 이는 하나님이시니 누가 정죄하리요"(롬 8:33-34)라고 말한다. 하나님이 의롭다 하신 사람을 누구도 정죄할 수 없다고 말한다. 이처럼 거듭나 하나님의 자녀가 된 것은 아주 귀한 일이다.

여기서 이웃 사랑을 생각해 보자. 하나님께서 이웃을 네 몸과 같이 사랑하라고 하셨는데 실제로 이웃을 사랑하기는 쉽지 않다. 특별히 자신에게 친절함이 없고 적대적이라면 상대방을 곱게 보기도 어려운데 사랑하기까지 하라시면, 그건 못한다.

그러나 우리의 시선을 죄인을 용서하시려고 자신의 독생자를 보내신 하나님께 돌려보자. 내가 사랑할 수 없는 그 사람이 예수를 그리스도로 영접했는지 알 수 없어도 그를 사랑해야 한다. 왜냐하면 그도 하나님이 사랑하시는 자녀이기 때문이다. 예수를 구주로 영접하는 것은 그 사람의 문제다. 하나님께서 사랑하시는 자녀를 우리는 송사할 자격이 없다. 하나님은 우리 모두를 사랑하신다. 여기서 우리는 칭의와 중생을 확실히 알 필요가 있다.

중생: 하나님의 부르심에 응답하여 새로운 생명이 생겨나 다시 태어나는 하나님의 역사

칭의: 중생한 사람이 회개하고 신앙을 가질 때 하나님께서 중생한 사람을 의로운 자로 선언해 주시는 하나님의 역사

결국 중생은 한 인간에게 새 생명이 들어옴으로, 중생한 인간이 하나님의 뜻을 따라 변화된 삶을 살게 되는 것이다. 이 변화는 하나님의 역사로 성령께서 주관하시는 심령의 변화다. 이 변화는 긴 시간을 통해 변하는 것이 아니라 순간적인 성령의 역사다. 그러므로 거듭남은 급진적으로 일어나는 영적 변화로 도덕적 윤리적인 변화가 되며, 이 변화는 전인적인 변화가 된다. 그 결과로 정서와 감정까지도 급진적으로 변하게 된다. 이렇게 거듭난 사람의 삶은 변하게 되어 있다.

먼저는 죄의식으로부터 자유해진다. 항상 죄에 억눌려 살던 영혼에 자유함이 찾아오게 된다. 끊을 수 없었던 죄의 사슬에서 해방되어 자유함을 누리게 된다. 항상 동행하던 죄의 부담에서 자유하게 된

다. 우리의 걱정과 스트레스와 내적 갈등으로부터 자유하게 된다. 어떤 일을 결정할 때에 일을 행할 것인가, 말 것인가 고민할 필요가 없어진다. 왜냐하면 하나님의 자녀로 행하면 이와 같은 고민은 쉽게 사라지기 때문이다. 이러므로 하나님께서 주신 구원에 관하여 송사할 자가 없는 것을 생각할 때, 주님이 주시는 샬롬의 평화가 찾아온다.

지금까지 중생을 살펴보면서, 당신이 중생한 사람이라면 감사하며 가던 그 길을 계속 가라. 그러나 지금까지 중생의 경험이 없는 사람이라면, 지금 반드시 고민해야 한다. 심각하게 고민해야 한다. 그러나 실망하지 말라. 하나님은 사랑과 자비가 한이 없으시므로 우리를 기다리신다. 그러나 그 기다리심은 우리가 이 땅에 눕게 되는 그날까지다.

사도 베드로는 하나님의 기다리심에 관하여 "주의 약속은 어떤 이의 더디다고 생각하는 것같이 더딘 것이 아니라 오직 너희를 대하여 오래 참으사 아무도 멸망치 않고 다 회개하기에 이르기를 원하시느니라"(벧후 3:9)라고 말하며 하나님께서 영생을 주시기 위해 오래 참으신다고 한다. 이처럼 약속의 성취가 하나님의 독생자 예수의 성육신이다. 하나님께서는 이런 사람들을 위해 그리스도를 세상에 보내주신 것이다. 이렇게 하나님은 모든 사람을 사랑하신다.

그 사랑의 결과는 인간이 죽는 날에 분명히 나타난다. 세상 사는 동안에는 각기 다르게 나타나서 우리 눈에는 차이가 보이지 않는다. 그러나 세상 마지막 날에는 예외 없이 선악 간의 심판을 받게 된다. 하나님의 자비와 사랑을 받아들인 자는 천국으로 인도되나, 그렇지 못한 자는 바로 지옥으로 내려간다. 이것이 하나님의 공의다.

그러므로 우리가 "하늘에 계신 우리 아버지"라고 부르며 기도할 때에 우리가 진실로 하나님의 자녀인가를 다시 생각해 보아야 한다. 만일 나 자신이 하나님의 자녀가 아니라면, 하나님의 응답을 기대하지 말라! 이때 우리는 하나님의 본성과 본질을 바로 깨달아 나 자신과 하나님의 관계를 바로 정립해 나가야 한다.

이 문제에 관해 루터는 "우리는 하나님의 본질에 관하여는 아무 것도 알 수가 없다. 다만 숨어 계신 하나님과 계시된 하나님을 구분하여 계시된 하나님을 찾아갈 때만 숨어 계신 하나님을 만날 수가 있게 된다"라고 말한다.

숨어 계신 하나님은 누구신가? 그가 예수 그리스도다. 쉽게 이해하자면 예수께서 3년의 공생애 기간에 전하시고, 가르치시고, 기사와 이적으로 보여주신 이 모든 것은 말씀으로 계시된 하나님의 마음이다. 그러므로 예수를 믿는다는 것은 하나님의 계시를 믿는 것이고, 말씀 속에 숨어 계신 하나님을 만나는 것이다.

따라서 우리가 하나님을 만나서 그를 아버지라 부르며 나갈 수 있게 된다. 하나님의 진정한 자녀로, 에덴동산에서 타락하기 전 아버지와 자녀의 관계가 성립되는 것이다. 그 결과 사랑하시는 자녀에게 정죄함이 제거된다(롬 8:1). 이렇게 아버지와 자녀의 관계가 회복될 때 비로소 하나님을 알게 된다.

진정한 하나님의 자녀가 되기를 원하는 사람은, 예수를 자신의 구원주 그리스도로 만나야만 한다. 우리가 그를 만날 때 하나님께서는 그의 은총으로 우리를 양자 삼아 주신다. 이것이 하나님의 양자 됨이다. 예수는 그의 독생자로 세상에 오셨으나, 우리는 그의 양자로 자녀가 되었다.

하나님의 양자 됨

우리가 하나님의 양자가 된다는 뜻은 우리가 하나님의 자녀가 아니었다는 뜻은 아니다. 하나님께서는 자신의 형상을 따라 사람을 지으셨다. 그러므로 온 인류는 하나님의 자녀가 맞다. 아담이 죄를 범한 일로 아담의 자녀는 죄인으로 태어나게 되었으나, 이제 예수를 믿음으로 죄 사함을 받고 범죄 이전의 죄 없는 후손이 되므로 다시 하나님의 자녀로 양자가 된 것이다. 이 관계를 양자 됨이라고 부른다. 이를 요한은 이렇게 설명하고 있다.

"영접하는 자 곧 그 이름을
믿는 자들에게는 하나님의
자녀가 되는 권세를 주셨으니"(요 1:12).

여기서 영접하는 자는 예수를 자신의 구원주로 영접하는 것을 말한다. 예수께서 사역하시던 3년 동안 예수를 영접한 사람들은 많지 않았다. 눈에 보이는 예수를 믿지 못했다는 것이 매우 신기한 일이라는 생각이 든다. 그러나 지금도 이와 비슷하다. 남들처럼 성경 말씀을 읽고 설교 말씀을 듣는데, 하나님의 말씀이 들리지 않는 것은 어떤 이유 때문인가? 왜 내게는 들리지 않는 것인가? 의문이 들 수 있다.

이 과정에서 특별한 비법이 있는 것은 아니다. 예수를 믿고 하나님의 자녀가 된다는 것은 사람의 의지가 아니라 성령의 역사로만 가능한 일이다. 그리고 하나님의 자녀가 되는 것은 특권이다. 이것은 세상의 권력이 높은 자리보다, 학식이 높은 자리보다 더 귀한 자리가 된다.

이 특권은 우리 공로로 인한 것이 아니다. 하나님이 그렇게 구원하시기로 계획하시고, 우리를 예수 믿도록 인도하신 것이다(요 15:16; 엡 2:8). 이 축복은 온 인류에게 다 허락하셨으나, 하나님의 구원계획을 믿고 예수께 나오는 자에게만 내려 주시는 축복이다. 하나님의 구원계획을 신뢰하지 못하는 사람은 누구라도 하나님의 자녀가 될 수 없다. 그러므로 이런 이들은 하나님을 아버지라고 부를 수 없는 것이다.

　인간은 그의 부모로부터 태어나나, 하나님의 자녀가 되기 위해서는 전적으로 하나님께로부터 태어나야 한다. 인간 스스로가 하나님의 자녀가 되는 길은 없다. 세상 종교에서는 인간이 신의 교리나 교훈에 잘 복종하여 행하면 복을 받는다고 믿는다. 그러나 그리스도교는 다르다. 하나님께서는 모든 인류를 한없이 사랑하시나, 결국에는 하나님의 자녀들에게만 구원의 복을 내려 주신다. 그러므로 하늘나라의 영생을 원하는 사람은 하나님 아버지와 자녀의 관계 속으로 들어가야만 한다. 이 관계가 양자 됨의 관계다.

　"너희는 다시 무서워하는 종의 영을
　받지 아니하고 양자의 영을 받았으므로
　아바 아버지라 부르짖느니라
　성령이 친히 우리 영으로 더불어
　우리가 하나님의 자녀인 것을 증거하시나니"(롬 8:15-16).

　이 말씀에서는 영에 관한 말씀이 계속된다. 무서워하는 종의 영, 양자의 영, 그리고 성령, 우리의 영 등 영에 관한 설명이 계속된다. 여기서 바울이 강조하고자 하는 메시지는 영에 관한 것이다. 여기서 무서워하는 영이란 율법의 속박으로 노예 상태에 있는 사람의 영을 말한다. 복음을 깨닫지 못한 모든 사람이 여기에 속한다. 왜냐하면 우리 노력으로 율법의 의를 이룰 수가 없기 때문이다. 그러나 복음을 믿는 사람은 여기에 해당되지 않는다. 그리고 양자의 영을 받았다고 말한다.

지금까지 살펴본 대로 하나님께 불순종함으로 죄를 얻은 아담의 자손이 복음을 믿음으로 다시 자녀의 위치가 회복되어 양자 됨으로 양자의 영을 받았다고 말한다. 그러므로 아바 아버지라 부르게 되는 것이다. 아바란 말은 한글의 아빠와 비슷하나, 고대 갈대아어 아버지를 칭하는 것이다. 여기에서 우리는 주기도문 서문의 '하늘에 계신 아버지'를 살펴보고 있다. 아버지를 불러 하나님의 응답을 받게 될 사람이 누구인지를 이제 확실히 알게 된 것이다.

로마서 8장 16절에서 사도가 설명하려는 중요한 내용은 우리의 양자 됨의 은혜를 '성령'이 인도하셨다는 것이다. 그 내용을 살펴보면, 성령께서 우리의 영과 더불어 우리가 하나님의 자녀 됨을 증거하신다는 말이다. 이 말씀은 쉬운 말씀이 아니다. 여기서 성령이 우리 마음에 거하여 우리가 하나님의 자녀 됨을 증거하신다는 말은 성령이 우리 마음에 거하는 사람이 되었다는 말로, 우리가 양자 되었다는 뜻이다.

바울은 고린도전서에서 하나님께서 우리에게 인 치시고 보증으로 성령을 주셨다(고후 1:22 참조)고 말한다. 인 친다는 말은 문서의 내용이 사실이라는 확실한 보증을 의미한다. 곧 하나님께서 성령으로 보증하시고 하나님의 자녀로 삼으셨다는 것이다. 이것이 하나님의 양자 됨이다.

그러므로 우리가 양자의 영을 받는 것은 우리의 지혜나 노력으로가 아니라, '성령'의 능력으로 우리가 죄인 됨을 깨닫고, 그리스도를 통하여 죄 사함을 받고 하나님께로 나올 때, 그 영을 새롭게 하셔서 사랑과 희락과 화평과 오래 참음과 자비와 양선과 충성과 온유와 절제(갈 5:22-23)를 보이며 살게 하신다는 것이다. 이것이 하나님을 아버지로 부르며 세상을 사는 양자 된 자의 삶이다.

바울은 하나님을 아버지로 부를 수 있는 양자가 되는 길은 성령으로만 가능함을 다시 설명하고 있다.

"우리가 세상의 영을 받지 아니하고
오직 하나님께로 온 영을 받았으니
이는 우리로 하여금 하나님께서 우리에게
은혜로 주신 것들을 알게 하려 하심이라"(고전 2:12).

바울은 고린도교회에 어떤 경로를 통하여 사람이 '예수를 믿고 하나님의 자녀가 되는가'를 설명하고 있다. 여기서 바울이 말하는 세상의 영이란 귀신이나 어떤 다른 영적인 것이 아니다. 헬라 문화에서는 지식이나 지혜 등 형이상학적인 것들을 세상의 영으로 생각했다. 그러므로 사람의 지혜나 지식 등으로가 아니라, 값 없이 주시는 은혜로 설명한다.

여기서 고린도교회와 우리가 살고 있는 이 시대의 교회를 비교하여 생각해 보자. 물론 규모나 숫자에는 차이가 있겠으나, 교회의 본질에는 차이가 없다. 예수를 따라다니던 군중은 많았으나 예수를 믿고 따르던 사람들은 별로 많지 않았다. 그렇다면 지금 우리의 교회 안에 교인은 많이 있으나, 예수를 바로 믿지 않는 사람도 많다고 말한다면 비난을 받을 것인가? 어찌하든 알곡에도 가라지가 섞이게 되어 있다.

고린도교회 안의 성적 음란함을 꾸짖는 말씀이 고린도후서 12장에 기록되어 있다. 거듭나서 하나님을 믿는 자의 마음에는 그 심령에 하나님의 말씀이 믿어져야 하며, 성령의 인도하심을 받아야 한다는 것이다. 그렇게 성령의 인도를 받을 때 양자 된 자녀로 세상을 살게 될 것이다.

처음 주기도문의 서문으로 돌아가서 '하늘에 계신 우리 아버지'라 부를 수 있는 사람이 누구인지를 살펴보았다. 이제 '나는 누구인지'를 살펴볼 차례다. 과연 나는 하나님을 아바 아버지로 부를 수 있는 사람인지 살펴보자.

마태복음 22장의 말씀을 보면, 한 임금이 연회를 열고 길가에서 많은 사람을 불러 모아 잔치를 열었으나, 예복을 입지 않은 사람은 골라내어 결박하고 어두운 바깥에 던져버린다는 내용이다. 곧 하나님 부르심에 응답하지 못한 사람은 비록 초청을 받아 잔칫집까지는 들어왔으나, 그 잔치를 즐기지 못하고 내침을 당하고 만다는 것이다. 이 말씀은 하나님의 부르심에 응답하지 못하고 신앙도 소유하지 못하면 하나님 자녀가 될 수 없으며, 영원한 천국 잔치에 참여할 수 없다는 말이 된다.

여기서 이런 질문이 나올 수 있다. 이 기도문은 그의 제자들에게 주신 기도문이 아닌가? 예수께서 그의 제자들에게 주신 기도는 맞다. 그러나 제자 중에는 하나님을 아버지라 부를 수 없는 사람도 있었다. 그가 가룟 유다이다. 예수께서는 가룟 유다가 배신자며 도둑인 것도 알고 계셨으나, 그를 차별하거나 골라내지 않으셨다. 가룟 유다에게도 단비와 햇빛을 내려 주시고 길이 참으셨다. 왜냐하면 하나님은 은혜가 풍성하시며 사랑이 한없는 분이시기 때문이다. 그러나 가룟 유다의 마지막은 비참한 지옥행이었다.

우리가 하나님의 양자가 아니라도 좋은 교인으로는 잘 지낼 수 있다. 교회에서 구역장, 동역장, 집사, 권사, 권찰, 장로, 강도사, 전도사, 목사, 감독까지 일을 잘 하며 모범이 될 수는 있으나, 진정으로 예수를 그리스도로 만나지 못한 사람은 천국 잔치에 참여하지 못한 채 어두운 곳에서 슬피 울며 이를 갈게 된다는 말씀이다. 이 일이 마지막 날의 심판이다. 마지막 날에 하나님은 심판하신다.

그렇다고 예수를 자신의 구원주로 만나지 못했다 해도 실망하지 말라. 하나님은 사랑이시며 길이 참으시는 하나님이시다(벧후 3:15). 비록 본인이 초신자라서, 예수 믿는 것을 심각하게 생각해 본 적이 없어서, 그런 말씀을 들어본 적이 없어서, 어떤 이유에서든 예수를 구원주 그리스도로 믿은 적이 없다면 심각하게 고민해야 한다. 왜냐하면 우리는 내일 일을 모르고 사는 사람들이기 때문이다. 가룟 유다도 3년 동안 열심을 다하는 것처럼 예수께 배우고 전도까지 했지만 그는 구원받지 못하고 지옥으로 갔다.

여기서 하나님의 자녀로 복 받아 하늘나라에 가는 것은 본인과 하나님의 관계다. 세상에 어느 누구도 이 관계를 알 수 없다. 자신이 알고, 하나님이 알고 계신다. 이렇게 하나님과 나와의 사이가 아버지와 자녀의 관계로 성립되어야만 하나님께서 주시는 진정한 축복을 누릴 수가 있다. 이제 책 읽기를 잠시 중단하고 자신을 살펴보자! 만일 당신이 하나님의 양자 된 자녀가 아니라면, 이렇게 기도하자.

"성령을 내게 보내주셔서 나로 예수를 나의 구원주로 믿게 하소서."

주기도문은 예수께서 우리에게 주신 기도문의 지침이다. 예수께서 친히 "이렇게 기도하라"고 가르치셨기 때문이다. 이 기도문은 하나님의 마음이 담겨 있는 기도문이다. 그러므로 이 기도문은 하나님의 한없는 사랑하심과 전능하심과 완전하심이 모두 포함되어 있는 기도문이다. 우리가 개인기도를 마칠 때, 예배를 마칠, 때 성경공부를 마칠 때, 그룹 모임을 마칠 때 하나님의 모든 사역을 마친 후에 주기도문으로 기도하는 것은 매우 바람직하다.

이 기도문에서는 먼저 "하늘에 계신 우리 아버지"를 부른 후 기도를 시작하라고 하신다. 이 말씀은 하나님은 하늘에 계시고 우리 인간은 땅에 거함을 인정하며 기도를 시작하라는 것이다. 우리는 아직 하늘나라를 경험한 적이 없어 알 수 없으나, 확실한 사실은 그 나라는 하나님께서 통치하시는 나라로 구원받은 자만이 살 수 있는 나라다.

여기서 하나님의 양자 된 사람은 나 한 사람인데 '우리의 아버지'로 부르라고 하신 이유가 따로 있는 것인가? 그런 것은 없다고 생각한다. 제자들에게 복수 형태로 하신 말씀으로 생각할 수도 있다. 그리고 하나님을 믿는 모든 자들은 그의 자녀가 됨으로 우리는 모두 형제자매가 된다고 생각한다.

> "거룩하게 하시는 자와 거룩함을 입은 자들이
> 다 하나에서 난지라
> 그러므로 형제라 부르시기를
> 부끄러워 아니하시고"(히 2:11).

구약성경에서는 거룩하게 하시는 이는 하나님이 되시고, 거룩함을 입은 자들은 유대 백성이었다. 그러나 예수께서 성육신하신 이후 거룩하게 하시는 이와 거룩함을 받은 사람은 예수 그리스도와 우리다. 결국 거룩하게 하시는 그리스도와 거룩함을 받는 우리가 모두 다 하나님에게서 나왔다는 뜻이다. 그러므로 거듭난 우리는 형제가 된다. 예수께서는 영원한 출생의 권리에 의해서 하나님의 아들이 되었고, 우리는 예수를 믿고 사죄함을 받은 후에 하나님의 자녀가 되었다. 하나님께 기도드리는 우리는 주 안에서 형제가 되는 것이 맞다. 또 우리는 하늘에 계신 아버지를 부른다.

이 아버지의 의미도 알아보자. 성경에서 아버지란 단어는 가족이나 민족을 대표하여 어머니보다 3.5배 더 많이 인용되고 있다. "하늘에 계신 아버지"는 우리에게 매우 믿음이 가는 말이다. 바울은 갈라디아서에서 "너희가 다 믿음으로 말미암아 그리스도 예수 안에서 아들이 되었으니"(갈 3:26)라고 말한다. 하나님의 자녀가 된 사람을 지칭하여, 그리스도께 속한 자녀가 되며 곧 아브라함의 자손이며 하나님 나라의 유업을 이어갈 자로 선포하고 있는 것이다.

하나님을 아버지로 부를 수 있는 사람의 기도는 응답되나, 하나님 부르심에 응답하지 못한 사람의 기도는 응답되지 않는다. 이 과정을 어렵게 생각하지 말라. 부모님이 부르는 것처럼, 선생님이 부르는 것처럼 대답하며 나가면 된다. "하나님! 저 여기에 있습니다. 죄인을 받아주시옵소서!" 하며 그 앞에 무릎을 꿇을 때 성령께서 그 마음에 감동을 주셔서 예수를 믿게 하신다. 성령께서 인도하신다.

이렇듯 한 심령이 거듭나서 새 생명을 얻게 하심은 성령의 역사다. 이 과정을 내가 스스로가 할 수 있다고 생각하지 말라. 이는 하나님의 사역이다. 다만 순종하며 그 앞에 나가면 된다. 그러므로 예수를 구주로 믿고 하나님의 자녀가 된다는 말과 구원받아 천국에 들어간다는 말은 같은 의미로, 의심 받을 수 없는 진리다.

이렇게 기도할 때에 우리는 믿음으로 해야 한다. 이때 오해하지 말아야 할 것은 '믿음으로 기도한다'는 것은 하나님께서 나의 기도에 응답하시리라는 확신의 기도가 아니라는 것이다. 즉 의심 없이 드리는 기도가 아니다.

그렇다면 믿음으로 드리는 기도는 무엇인가? 그 답은 아주 간단하다. 예수를 자신의 구원주로 믿고 하는 기도가 바로 믿음으로 드리는 기도가 된다. 예수를 자신의 구원주 그리스도로 믿지 못한 채 기도 드린다면, 우상에게 기도하는 것과 다름 없다. 하나님의 자녀가 아닌 악인들은 하나님을 아버지라 부를 수 없기 때문이다. 예수께서는 믿지 않는 자들을 향해 "너희는 너희 아비 마귀에게서 났으니"(요 8:44)라고 말씀하셨다.

하나님은 그의 자녀들이 우상에게 절하는 것을 제일 싫어하신다. 우상에게 절하는 사람에게 벌을 내리심은 물론 그의 자녀들의 3, 4대에 이르도록 벌을 내리시겠다고 말씀하셨다(출 20:5). 그러므로 우리는 하나님에 관하여 더 자세히 알아볼 필요가 있다. 하나님은 어떤 분이신지, 하나님은 무엇을 좋아하시며 또 무엇을 싫어하시는지 알 필요가 있다.

불변하시는 하나님

하늘에 계신 하나님은 불변하시는 분이시다. 그리고 스스로 존재하시며 완전하신 분이다. 그가 하신 인간을 향한 약속은 영원불변한 것이며, 결의도 변함이 없는 분이다(시 102:20, 26-27). 먼저 하나님은 세상을 창조하셨고, 그리스도 안에서 성육신하셨고, 성령으로 이 세상을 주관하시고 운행하신다. 이처럼 하나님의 불변성은 세상 처음부터 변함이 없다.

그러나 인간은 하나님과의 관계에서 변화를 경험해 왔다. 먼저는 인간이 하나님의 형상을 닮은 피조물로 에덴동산에서 살았으나, 하나님 말씀을 거역한 후 죄를 안고 추방당한 영락한 인간으로 변했다. 그 후 성육신하신 예수를 통하여 다시 하나님의 양자 된 자녀로 그 앞에 나아갈 수 있게 되었으며 축복을 받는 자녀로 살게 하셨다.

우리의 하나님은 유일하신 하나님이시다. 그분은 유일하시며 홀로 존재하는 하나님이시다. "세상 만민에게 여호와께서만 하나님이시고 그 외에는 없는 줄을 알게 하시기를 원하노라"(왕상 8:60)라고 솔로몬은 우리의 하나님은 유일하신 하나님 되심을 말하고 있다.

일본의 신토교는 그 신(god)만 수만이 넘는다고 한다. 그렇게 많은 신을 섬기니 그 이름을 기억할 수도 없다. 그저 복 받기를 빌 뿐이다. 그러므로 그들은 신에 관하여 아는 지식이 없다 해도 별 반론이 없을 것이다. 그러나 하나님은 유일신으로 우리에게 찾아와 말씀하시고 살피시고 복 주시는 유일한 하나님이시다. '하늘에 계신 아버지'를 부르며 기도할 이유가 여기에 있다.

우리 하나님은 모든 제한으로부터 자유하신 분이다. "그는 시간과 공간, 존재와 속성의 모든 면에서 제한이 없으시다. 그리고 내적, 질적 결핍도 없으시다"라고 제임스 오르는 말한다. 하나님의 무한성은 신적 존재의 무한성을 말하며 신적 존재의 완전성을 의미한다(시 145:3).

"산이 생기기 전,
땅과 세계도 주께서 조성하시기도 전
곧 영원부터 영원까지
주는 하나님이시니이다"(시 90:2).

이처럼 하나님은 시간에 관하여 무한한 존재가 되신다. 그러므로 하나님 아버지는 스스로 존재하는 분이시다. 그분을 '나의 아버지'로 부르는 사람들은 오직 그의 자녀들뿐이다. 우리가 기도할 때 하나님을 아버지로 부르는 것은 크나큰 복이다. 이렇게 기도드릴 때 우리는 어떤 복을 받게 되는지 살펴보자.

첫째, 우리를 한없이 사랑하시는 하나님을 만나게 된다.

"찬송하리로다 그는 우리의 주
예수 그리스도의 하나님이시요
자비의 아버지시요
모든 위로의 하나님이시며"(고후 1:3).

하나님을 아버지로 부르며 그에게로 나아갈 때 위로하시는 자비의 하나님이라고 바울은 말한다. 히브리어 '위로'라는 말에는 '용감하다'라는 의미가 있다. 여기서 하나님을 아버지로 부르는 사람은 어떤 고난이나 역경에서도 용감하게 그분을 찬송하며 살아가도록 위로를 주신다는 뜻이다. 이것이 하나님의 크신 사랑이다. 그러므로 그리스도인은 역경과 고난을 만나도 하나님의 사랑하심을 믿고, 견디며 나가야 한다.

하나님의 사랑은 언제나 우리가 원하는 좋은 것으로만 주시는 것은 아니다. 형제들에 의해 애굽으로 팔려간 요셉은 자신이 노예로 사는 것을 하나님의 축복으로 생각할 수 있었을까? 그러나 그 고난은 요셉에게도, 이스라엘에게도 큰 축복이 되었다. 받고 있는 시험보다 더 큰 시험을 당할 때도 하나님께 원망하지 말자! 하나님은 시험을 통하여 믿음을 연단하시고 더 큰 축복을 받는 자리로 인도하신다.

"무릇 내가 사랑하는 자를 책망하여 징계하노니"(계 3:19)라는 말씀에서 하나님의 속마음은 사랑하시는 자를 더 징계하실 수 있다는 뜻이 숨어 있다. 이런 의미에서 "처벌은 인격의 도장이다"이라는 말도 있다. 우리 삶 가운데 하나님의 징계는 매일 먹는 양식만큼이나 필요하다. 왜냐하면 우리는 매일 하나님과 함께하는 삶이 필요하기 때문이다.

둘째, 우리에게 한없는 긍휼을 베푸신다.

하나님은 그의 자녀들에게 시험을 이긴 후에 긍휼을 베푸신다. 하나님을 아버지로 부르는 자들에게도 시험은 찾아온다. 그러나 그 시험을 견디면 하나님의 은총을 받게 된다. 야곱은 천사와 씨름해서 환도뼈가 위골되는 부상을 당했으나, 그곳에서 하나님을 대면하는 큰 은혜를 얻었다(창 32:29-30). 이처럼 시험을 이기는 자는 하나님의 은혜를 받는다. 그러므로 루터는 "우리가 받는 시험은 하나님의 포옹이다"라고 말한다.

> "평강의 하나님께서 속히 사탄을
> 너희 발아래서 상하게 하시리라
> 우리 주 예수의 은혜가
> 너희에게 있을지어다"(롬 16:20).

이 말씀은 사도 바울이 로마교회 성도들에게 용기를 주려는 편지다. 그는 로마교회 교인들이 사탄의 세력을 이기는 일을 하나님께서 책임져 주시리라고 용기를 주고 있다. 하나님의 자녀들도 시험을 받을 수 있으나 예수께서 사탄의 머리를 상하게 하여 사망 권세를 이기신 것처럼(창 3:15) 그들에게 은혜를 주리라는 말씀이다. 하나님께서는 우리를 그의 빛으로 깨우쳐 주셔서 시험을 잘 이기도록 인도하신다. 성경 말씀은 지식이 아니다. 성경 말씀은 하나님의 마음이다. 말씀을 단순히 아는 것과 말씀을 심령에 받아들여 성화의 삶을 사는 것은 별개의 문제다. 성경을 많이 알고 있는 사람은 성경을 잘 가르칠 수 있다.

성경 말씀대로 살아가는 것은 또 다른 문제다. 성경 말씀 속에서 하나님의 마음을 읽어 아는 것은 성령의 인도하심을 받아야 한다.

"우리가 이것을 말하거니와
사람의 지혜의 가르친 말로 아니하고
오직 성령의 가르치신 것으로 하니
신령한 일은 신령한 것으로 분별하느니라"(고전 2:13).

바울은 이 편지를 고린도교회 설립 5년 후에 쓰고 있다. 교회가 문제없이 잘 성장하기를 바랐으나 그렇지는 못했다. 교회 안의 유대인 거짓 교사들이 바울의 가르침을 반대하여 교회가 시험 들었다. 사실 고린도는 상업도시로 번성하여 군사적, 정치적으로도 중요한 위치를 얻게 되고, 당대의 수많은 사람들이 모여들면서 사치와 우상숭배가 횡행하는 퇴폐적인 도시로 변했다. 특별히 신전에서는 여사제들을 대상으로 매음까지 성행하던 타락한 도시였다. 이런 곳에서 교회가 바로 성장한다는 것은 간단한 일이 아니었다.

먼저는 성령에 대한 무지함에서 분열이 생겼다. 그 외에도 우상숭배, 근친상간, 부활 교리 등 여러 가지 문제가 있었다. 그리고 그 교회를 설립하고 가르친 바울의 사도권까지 의심하며 교회에 분란이 일어나자 바울은 이 말씀으로 그 해답을 준 것이었다. 이 모든 문제는 사람이 가르친 지식이나 지혜로 해결되는 것이 아니라, 성령께서 가르치시는 대로 "곧 성령 하나님께서 가르치신 대로만 해야 한다"고 말한다. 더 설명하면 신령한 일은 신령한 것으로만 분별할 수 있다고 말한다.

여기서 신령한 것이란 육적인 것의 반대가 되는 영적인 것을 말하는 것이 아니다. 바로 '성령'을 의미한다. 하나님 사역 곧 하나님의 일은 그의 뜻대로 분별하여 알게 하신다는 것이다. 그러므로 고린도 교회의 모든 문제들이 교인 한 사람, 한 사람이 진정으로 예수를 자신의 구원주로 만나서 교회를 만들어 나간다면, 그 문제들은 해결될 수 있다는 것이다.

참 성도가 성령의 사역을 의심하겠는가, 우상을 숭배하겠는가, 성적 타락에 뜻을 같이 하겠는가, 예수를 만난 사람이 부활 신앙을 거부하겠는가. 고린도교회의 이와 같은 문제들은 교인들의 마음에 하나님의 신령한 영, 곧 성령을 받지 못함이 그 원인인 것이다.

그러므로 성경을 읽는 것은 하나님에 관한 지식이 아니라, 성령이 인도하시는 하나님의 마음을 읽는 것이다. 이렇게 하나님을 하늘에 계신 나의 아버지로 믿고 나갈 때, 하나님의 성령이 인도하시는 지혜로 이 세상을 살아갈 수 있게 된다. 이것이 심령에 비춰지는 하나님의 은혜다.

셋째, 하나님을 아버지라 부를 때 풍성한 은혜를 주신다.

우리가 하나님을 아버지라 부를 때 하나님은 크게 감동받으신다. 먼 곳에 살다가 아버지 집을 찾아온 자녀는 반가움의 표시로 아버지를 부르고 포옹한다. 만일 이런 반응이 없다면 무관심이 아니겠는가? 우리는 하나님 자녀 됨에 감사와 기쁨, 반응을 숨김없이 보여야 한다. 이와 같은 반응에 하나님도 감동하신다. 여기서 하나님께서 그의 사랑하시는 자녀들에게 보이시는 반응을 통해 우리를 얼마나 사랑하시는지 살펴보도록 하자.

> "너희 중에 아비된 자 누가
> 아들이 생선을 달라 하면 생선 대신에 뱀을 주며
> 알을 달라 하면 전갈을 주겠느냐
> 너희가 악할지라도 좋은 것을
> 자식에게 줄 줄 알거든 하물며 너희 천부께서
> 구하는 자에게 성령을 주시지 않겠느냐 하시니라"(눅 11:11-13).

좋은 아버지는 아들이 떡을 달라 하면 떡을 주고, 생선을 달라 하면 생선을 주고, 알을 달라 하면 알을 줄 것인데, 하나님은 떡도 생선도 알도 아닌 성령을 주신다고 말씀하시니 이는 무슨 뜻인가? 떡과 생선과 알은 식품 전반을 말하는 것으로 인간의 필요를 의미한다. 여기서 아비가 악하다는 말은 선함이 없는 인간성을 말하는 것이다. 하나님께서 주시는 성령은 인간이 받을 수 있는 가장 좋은 선물이다.

그러므로 하나님의 자녀 된 자로서 그분을 아버지라 부르며 그 앞에 나아갈 때 우리에게 풍성한 선물로 은혜를 내리신다.

첫째, 하나님을 아버지라 부르며 살게 된다.

하나님을 아버지로 부르며 살아간다는 의미가 무엇인가 찾아보자. 우리는 곤경에 처할 때 누군가의 손길을 청하여 도움받기를 원한다. 개인과 민족이 그렇고 국가와 인류도 그렇다. 만일 곤경과 시련이 없다면 자신을 믿고 오만해지고 자만하게 된다. 그러나 하나님을 아버지로 부르는 사람은 그 앞에 항상 겸손해야 한다. 고난을 당할 때만 겸손해지는 것이 아니라, 하나님 앞에서는 항상 겸손하고 그를 신뢰해야 한다. 왜냐하면 이 세상의 모든 좋은 것은 하나님께로부터 오기 때문이다.

"젊은 사자는 궁핍하여 주릴지라도
여호와를 찾는 자는
모든 좋은 것에
부족함이 없으리로다"(시 34:10).

젊은 사자는 누구의 도움이 없이도 마음대로 사냥할 수 있는 힘 센 동물이다. 지금은 당장 모든 필요에 궁핍이 없는 사람일지라도 궁핍해질 수 있다는 말이다. 인간은 연약하고 부족하기 때문이다. 하나님을 아버지라 부르며 나아가는 자에게 모든 좋은 것에 부족함 없이 채우시는 하나님을 의지하며 '아버지'라 부르며 살자! 그분은 세상의 삶을 마치고 저 세상으로 떠날 때 좋은 것, 곧 새 하늘과 새 땅의 약속을 유업으로 받게 하신다. 그러므로 우리가 하나님 아버지를 부르며 세상을 사는 것은 매우 복된 일이다.

둘째, 하나님께 순종하며 살게 된다.
시험 받는 일에도 순종하자. 주께서 주시는 시험은 그 시험을 통해 지옥으로 떨어뜨리려는 시험이 아니다. 하나님께서 허락하신 시험은 믿는 자를 연단하시는 시험이다. 욥의 시험을 보라. 우리는 욥의 시험을 보고, 시험을 견디어 낸 사람의 축복을 본다. 틀린 답은 아니다. 사실 욥은 실제 인물인가, 어느 시기 인물인가, 어디에 살았는가, 욥기는 누가 기록했는가 등 무엇 하나 확실히 알려진 것이 없다. 다만 욥기 42장 마지막 부분만을 생각하며 시험을 이긴 후 자손과 재물의 복을 회복한 축복을 강조하며 하나님을 믿고 따른다면 문제 있다는 것을 알려준다.

우리는 욥이 시련을 견디어 낸 인내에만 초점을 둘 것이 아니라, 하나님의 지혜와 권능에 온전히 순종한 욥의 '순종'을 보아야 한다. 아브라함 이야기도 이와 같다. 사랑하는 이삭을 하나님께 번제로 드리려고, 어떻게 삼 일 길 모리아산으로 갈 수 있었겠는가? 여기서도 우리가 마음에 새겨야 할 교훈은 아브라함의 순종하는 믿음이다.

예수께서 로마 군병들에게 잡혀 십자가를 지게 될 때를 살펴보자. 가룟 유다가 로마 군대와 대제사장들과 바리새인들을 데리고 예수를 포박하려고 나타날 때 베드로가 제사장의 종 귀를 검으로 베어버렸다. 이때 예수께서는 "검을 집에 꽂으라 아버지가 주신 잔을 내가 마시지 아니하겠느냐" 하시며 하나님께서 주신 고난을 묵묵히 받으셨다. 여기에서도 예수 그리스도의 순종을 볼 수 있다. 이처럼 하나님께 아버지라 부르며 순종하며 나아가자.

셋째, 거룩함으로 살게 된다.

하나님을 아버지라고 부르는 사람은 거룩함을 옷 입고 세상을 살아야 한다. 거룩함을 말할 때 우리는 단정하고 엄숙하고 말은 적게 하며 항상 조용한, 품위를 유지하는 그런 것을 생각한다. 한편으로는 숨 막히게 차분하며 따분한 성격의 사람을 생각한다.

그러나 성경에서 거룩한 삶이란 그런 뜻과는 거리가 멀다. 성경에서 거룩한 삶이란 하나님을 닮아 가는 것이다. 하나님의 말씀대로 그가 보내신 독생자 예수를 자신의 구원주 그리스도로 믿고 사는 것이다. 유대인들은 율법을 지키며 하나님을 닮아 거룩하게 살기 위해 안식일에는 사지도 팔지도 않았다. 오 리가 넘는 거리는 움직이지도 않았다. 그러나 그들은 정작 예수를 십자가에 못 박아 죽인 자들이 되었다.

> "바울과 바나바가 담대히 말하여 가로되
> 하나님의 말씀을 마땅히 먼저 너희에게 전할 것이로되
> 너희가 버리고 영생 얻음에 합당치 않은 자로 자처하기로
> 우리가 이방인에게 향하노라
> 주께서 이같이 우리를 명하시되
> 내가 너를 이방인의 빛을 삼아 너로 땅 끝까지
> 구원하게 하리라 하셨느니라 하니"(행 13:46-47).

여기서 잠깐 율법과 복음의 관계를 살펴보자. 구약성경의 율법을 해석한 탈무드는 사천 절이 넘는 법조항들로 만들어져 있다. 그 조항을 지키며 사는 것이 율법대로 거룩하게 사는 것이다. 지금도 많은 수의 유대인들은 그렇게 살기를 원하나, 이는 불가능한 일이다. 이 법은 세상 누구도 다 지킬 수 없다. 지금도 율법대로 살려는 사람들은 지은 죄를 그대로 짊어지고 살아가야 한다.

그렇다면 복음은 율법과 무엇이 다른가 살펴보자. 율법을 주셨던 하나님이 인간의 속죄를 위하여 독생자 예수를 세상에 보내셨다. 그리고 그 예수께서는 속죄를 위한 희생제물이 되셔서, 십자가 고난을 받으심으로 우리의 죄가 사해졌다. 이 사실이 복음이다. 복음을 믿는다는 것은, 이 사실을 의심 없이 믿는 것이다. 쉽게 이해하자면 내가 지은 모든 죄를 사해 주시려고, 하나님께서 예수를 세상에 사람으로 보내시고, 예수께서는 우리 죄를 위해 십자가에서 피 흘려 죽으셨다는 것, 그리고 부활하셔서 우리에게 하나님의 구원하심을 보여주셨다는 사실을 믿는 것이다.

사도행전 13장을 보면 바울과 바나바가 담대히 복음을 전했으나

유대인들이 강력히 반대했다. 유대인들은 영생 얻기에 합당하지 않은 자로 자처하므로 바울과 바나바가 이방인에게 복음 전도를 시작한다고 적고 있다. 그러므로 성경에서 거룩함이란 하나님을 인정하는 거룩함, 하나님을 닮는 거룩함을 말한다.

그렇게 하나님께로 나아갈 때 하나님은 그렇게 믿는 자를 '거룩한 자, 칭의 받은 자'로 인정하신다. 이렇게 칭의함을 받은 사람은 탈무드에 설명된 사천 여의 절수보다도 더 많은 감사와 순종과 사랑과 희락과 화평과 오래 참음과 자비와 양선과 충성과 온유의 삶을 살 수 있게 되리라고 의심 없이 믿게 된다.

넷째, 서로 사랑하며 살게 한다.
하늘에 계신 하나님을 아버지라 부른다면 우리는 서로 사랑해야 한다. 그런데 미워하는 사람을 사랑한다는 것이 얼마나 어려운 일인지 우리는 경험을 통해서 알고 있다. 전에도 그러했고, 지금도 그렇게 하고 있는 사람을 용서하고 사랑하라 하시니, 그 사람을 어떻게 사랑할 수 있을까? 그런데 예수께서는 원수도 사랑하라고 말씀하신다(마 5:44). 이 일은 절대로 쉬운 일이 아니다. 숨소리만 들어도 밉고 싫은 사람을 어찌 용서하란 말인가? 우리는 예수께 묻고 싶을 때가 많다. 그러나 예수께서 사랑하라 하셨으니 우리는 사랑해야 한다.

이렇게 원수까지도 사랑할 때, 우리는 하나님을 닮아 세상을 사는 성도로 변하게 된다. 이제 이 문제를 가지고 예수께 나아가라. 그리고 기도하며 예수께서 행하신 일을 보라. 예수께서는 가룟 유다가 반역하여 은 삼십에 자신을 팔아넘길 것을 미리 알고 계셨다. 그러나 그를 정죄하지 않고 기다리셨다. 예수께서는 가룟 유다로 인하여 잠 못 이루신 적이 없다. 그렇다고 십자가를 지시기 전 마지막 만찬상에서 그를 밀어내시지도 않았다. 우리도 예수께서 하신 것처럼 할 수 있다면 좋겠으나 우리는 안 된다. 그는 하나님이시기 때문이다.

우리가 하나님처럼 할 수는 없으나, 이제 그가 하신 것을 따라 해보자. 묵묵히 예수께서 하신 것처럼 따라 해보자. 그러면 성령께서 우리 마음에 감동을 주셔서 용서의 마음을 품게 하시고, 그들을 사랑하게 인도하신다. 자신이 단지 하나님의 피조물이며, 하나님은 우리를 지으신 창조주가 되신다는 사실을 기억하고 하나님을 의지하고 나갈 때만 우리는 참된 인간의 본성에 이를 수가 있다.

그러므로 우리 자신을 생각하면서 하늘에 계신 아버지를 크게 부르며 기도하자. 그렇게 기도할 때 하나님은 우리로 하여금 원수도 사랑하게 인도하신다.

다섯째, 우리를 존귀하게 여기신다.

하나님을 아버지로 부를 때 우리를 존귀하게 여기신다. 누가복음 10장에 예수께서 70인의 제자들을 전도하도록 세상으로 보내신 기록이 있다. 전도를 마친 제자들이 돌아와 기뻐하며 예수께 전도 보고를 드릴 때 "너희 이름이 하늘에 기록된 것으로 기뻐하라"(눅 10:20)라고 말씀하시며 제자들을 귀하게 여기셨다.

사도 바울도 빌립보교회에 보낸 편지에서 복음 전도에 함께 힘쓰던 여인들을 돕고 글레멘드와 자신의 동역자들을 도우라며 그들의 이름이 생명책에 기록되었다(빌 4:3)고 말하여 하나님의 이름을 부르며 전도하는 자들과 그들을 돕는 자들까지도 존귀하게 여기시는 것을 볼 수가 있다.

하나님께서는 복음을 전도하여 하나님의 이름을 존귀하게 여기는 사람을 존귀하게 여기신 것처럼, 우리가 하나님 아버지를 크게 부를 때, 우리를 존귀하게 여기신다.

여섯째, 우리를 하나님 기업의 상속자가 되게 하신다.

하나님은 자신을 아버지로 부르며 나아가는 우리를 하늘나라의 상속자가 되게 하신다. 곧 아버지 집에 살게 될 진정한 자녀가 되게 하신다는 말씀이다. 하나님께서 우리를 자녀로 대우하신다. 이 말씀은 매우 귀하다.

어떤 사람이 한 나라에 왕족으로 태어난다면, 그 나라에서 누릴 수 있는 모든 특권을 누리며 살게 될 것이다. 이제 하나님을 아버지로 부르며 세상을 살아가는 그의 자녀들은 세상에서 풍성한 하나님의 은혜를 받고 살아가게 됨은 물론, 내세에는 영원한 천국에서 새 생명을 받게 될 것이므로 하나님의 후사, 천국의 상속자가 되는 것이다.

"성령이 친히 우리 영으로 더불어
우리가 하나님의 자녀인 것을 증거하나니
자녀이면 또한 후사 곧 하나님의 후사요
그리스도와 함께한 후사니
우리가 그와 함께 영광을 받기 위하여
고난도 함께 받아야 될 것이니라"(롬 8:16-17).

여기서 후사는 대를 잇는 자손을 말한다. 우리가 하나님과 아버지와 자녀의 관계를 맺으면 하나님 자녀의 대접을 받게 된다. 그 결과는 이생의 축복과 영생 복락을 누리게 되는 것이다. 여기서 그리스도와 함께한 후사란 무엇을 말하는가? 우리가 그리스도와 같다는 말이 아니다. 그리스도와 연합한 사람으로 산다는 뜻이다. 곧 우리 삶이 그리스도를 닮아 사는 것을 말한다. 그러기 위하여서는 그의 영광뿐 아니라, 고난도 함께 받게 된다는 말씀이다.

이제 그리스도가 나의 구주가 되셨으니 세상 사는 동안 복음 따라 살다가 죽음을 이기고 승리하여 구원 받는 삶이 하나님의 기업을 상속받는 길이다. 이처럼 우리가 주와 함께 죽으면, 또한 주와 함께 살 것이요, 참으면 그와 함께 왕 노릇 할 것이라고 바울은 말한다(딤후 2:11-12).

사도 요한도 그의 서신에서 하나님께 나와서 아버지라 부르며 세상을 사는 그의 자녀들을 위해 "내 아버지 집에 거할 곳이 많도다 그렇지 않으면 너희에게 일렀으리라 내가 너희를 위하여 처소를 예비하러 가노니"(요 14:2)라고 예수께서 직접 하신 말씀을 소개하며, 그의 구원 받은 자녀들을 귀하게 여기심을 설명한다. 그렇다면 하나님의 자녀들에게도 시험이 찾아오는가? 함께 찾아보도록 하자.

일곱째, 하나님 자녀도 시험 받는다.

예수께서는 40일 금식기도를 마치신 후 마귀의 시험을 받으셨다. 그렇다면 우리가 시험 받는 것은 조금도 이상한 일이 아니다. 곧 당연한 일이다. 아브라함이 믿음이 없어서 시험을 당한 것이 아니다. 그 시험에는 하나님의 깊은 뜻이 있었다. 그는 시험을 통과한 후 열방의 믿음의 조상이 되었다. 다윗도, 요셉도 모두 시험을 이긴 사람들이다. 이 '시련'이란 단어는 그 시련을 통해 '증명됨'이란 의미가 있다. 이사야도 시험에 관한 하나님의 마음을 이렇게 표현하고 있다.

"내가 넘치는 진노로 내 얼굴을
네게서 잠시 가리웠으나
영원한 자비로 너를 긍휼히 여기리라
네 구속자 여호와의 말이니라"(사 54:8).

이 말씀은 바벨론에 포로로 잡혀간 이스라엘 백성을 하나님이 원하시는 그때에 구원하시리라는 말씀이다. 하나님은 그의 백성을 버리지 않으신다. 이 말씀은 세계 인류 모두를 구원하시겠다는 말씀은 아니다. 하나님의 자녀, 하나님의 교회를 구원하시리라는 말씀이다.

이스라엘이 바벨론에 포로로 잡혀갔을 때 그들은 하나님의 긍휼을 얻지 못했다. 하나님께서 이스라엘을 외면하신 것이다. 곧 이스라엘이 시험을 받고 있었던 것이다. 그러나 하나님은 잠시 얼굴을 돌리셨으나, 이내 긍휼을 베푸셨다. 하나님도 그의 자녀에게 얼굴을 돌려 외면하신다고 말씀하신다. 하나님이 얼굴을 돌려 영원히 외면하시면 우리는 지옥 외에는 갈 곳이 없다. 참으로 두려운 말이다.

그러나 하나님은 그의 얼굴을 악인에게 향하듯(시 34:16) 자기 백성에게 그렇게 하지는 않으신다. 위 말씀처럼 잠시 동안 진노하심으로 징계하시나, 영원하신 자비로 그의 자녀들을 긍휼히 여기사 품어주신다.

그러므로 하늘에 계신 "아버지"를 크게 부르며 기도하자! 하나님의 자녀들은 시험이 오나 겁 없는 사람들이다. 우리가 잠시 시험을 당한다 해도 하나님께서 나의 아버지가 되심을 의심하지 말고 믿자. 하나님의 자녀들에게도 시험은 오나 하나님은 구원하신다. 이 구원은 자녀들에게 공로가 있어서가 아니라 하나님의 무한하신 긍휼 때문이다.

여덟째, 하나님의 자녀도 책망 받는다.

우리는 세상을 살면서 남의 일에 관여하지 않으려 노력하며 산다. 그 이유는 간단하다. 그 일은 내 일이 아니기 때문이다. 즉 자신에게 아무 유익이 없는 남의 일이기 때문이다. 그러나 나에게 유익이 있는 일에는 적극적으로 개입한다. 여기서 하나님의 책망도 마찬가지다.

우리가 하나님의 자녀가 아니라면 하나님은 책망하지 않고 내버려 두신다(롬 1:24). 우리가 마귀의 자식이라면, 그냥 살게 내버려 두신다. 하나님의 무관심은 징계보다도 더 무서운 징벌이 된다. 왜냐하면 무관심의 대상이 된 사람은 하나님의 버린 자식이기 때문이다.

그러므로 하나님께서는 우리를 징계하신다. 예수께서 라오디게아교회를 향하여 책망하시는 것도 주께서 그 교회를 사랑하시기 때문이다. 주께서는 그의 사랑하는 자를 징계하시고 사랑하는 아들마다 채찍질하신다고 말한다(계 3:19).

라오디게아교회가 차지도 않고 덥지도 않은 믿음 없는 생활을 할 때 열심을 내어 회개하라고 책망하신다. 만일 예수께서 라오디게아교회에 얼굴을 돌리셨다면 이와 같은 책망을 하시겠는가? 그러므로 우리가 시험 받는 것은 하나님께서 우리를 사랑하는 증거요, 하나님의 자녀 됨의 표식이 된다.

아버지를 부르는 우리는 어떻게 변하는가

첫째, 하나님은 우리가 기도하도록 인도하신다.

시험을 받으면 불안과 초조, 근심과 걱정, 좌절, 실망으로 셀 수 없는 부정적 감정이 엄습한다. 결과적으로 걱정의 슬픔을 동반하며, 정도가 지나치면 삶을 포기하는 데까지도 이르게 된다. 이와 같은 시험은 하나님이 주신 것이 아니다. 이것들은 마귀가 주는 것이다. 이때 우리는 기도해야 한다. 하나님께로 나아가지 않으면 마귀에게로 가까이 가게 된다. 하나님께로 나가서 기도하지 않는 것은 마귀가 환영하는 일이기 때문이다.

이때 우리는 하나님을 아버지라 부르며 그에게 나가야 한다. 그러므로 주기도문 서두에서 예수께서는 "하늘에 계신 아버지"를 부르며 기도하라고 가르쳐 주신 것이다. 우리가 이렇게 기도할 때 새 길을 주신다.

"여러 계시를 받은 것이 지극히 크므로
너무 자고하지 않게 하시려고
내 육체의 가시 곧 사탄의 사자를 주셨으니
이는 나를 쳐서 너무 자고하지 않게
하려 하심이라
이것이 내게서 떠나기 위하여
내가 세 번 주께 간구하였더니
내게 이르시기를 내 은혜가
네게 족하도다"(고후 12:7-9).

이 말씀은 사도 바울의 고백이다. 이 고백을 통해 알 수 있는 분명한 사실은 사도 바울에게도 사탄의 시험이 있었다는 것이다. 물론 예수께서도 시험을 받으셨다. 따라서 사탄이 우리를 찾아와 시험하는 것은 하나도 이상한 일이 아니다.

바울의 경우를 살펴보자. 실제 바울은 선교 여행을 할 때 그의 몸에 가시 곧 육체의 질병으로 인하여 고생을 많이 한 것 같다. 그의 육체의 병이 무엇인지 우리는 알 수 없으나 감기나 신경통 정도가 아닌 매우 우려해야 하며 고통스러운 질병이었던 것 같다. 여기서 그가 세 번 기도했다는 말의 세 번이라는 숫자는 마음을 정하고 세 차례나 기도했다는 의미다. 그렇게 열심히 기도했는데, 하나님께서는 그의 질병을 고쳐주시지 않았고, "내 은혜가 네게 족하다"라고 하셨다.

이처럼 우리가 기도할 때에 하나님의 응답은 문제지의 모범답안처럼 보이지 않는다는 것이다. 하나님은 우리의 사정을 우리보다 더 잘 알고 계신 분이다. 그러므로 우리가 원하는 답은 아니나, 인생의 여정을 한참 걷다 뒤돌아보면, 그 결과가 내게는 하나님의 은혜였다는 고백을 하게 된다. 이것이 아버지를 부르며 기도하는 자가 받는 축복이다.

바울은 비록 몸은 연약하였으나 자신의 약한 것을 자랑하며 나아갈 때 그리스도의 능력이 그에게 머물러 약함이 도리어 강함이 되었다고 고백한다. 여기서 사도 바울은 자신을 먼저 돌아보는 시간을 가진 후 기도하고 있다. 우리 또한 어려움을 만날 때, 먼저 우리 자신을 돌아보아 고칠 것은 고치고, 버릴 것은 버려야 한다. 그렇게 자신을 돌아보는 것이 매우 중요하다. 하나님의 도움을 청하기 전 자신이 먼저 할 수 있는 일은 해야 한다.

바울이 말하는 '자고'는 스스로를 높이는 것을 말한다. 바울은 삼층천에 올려간 계시를 이야기한 적이 있다. 아마도 많은 사람들은 사도를 특별한 권한이 있는 사람으로 보았을 것이다. 모든 일에서도 그렇지만 특별히 교회사역에서는 어떤 일이든 자랑하지 말며 겸손해야 한다. 교만하면 바로 사탄이 찾아와 손을 내밀고 시험들게 한다. 하나님의 영광을 가리고 자신의 영광을 나타내게 될 때 시험에 들고 만다. 곧장 기도할 때다. 하나님을 아버지라 부르며 크게 기도할 때 하나님은 우리를 시험으로부터 보호하신다.

둘째, 하나님의 샬롬을 얻게 하신다.

시험받은 일은 괴로운 것이고 불편한 것이다. 또 어렵고 고단한 것이다. 그러나 그 시험을 이기고 지나면 하나님이 그의 얼굴빛을 우리에게 비추신다. 평안과 안정이 찾아오며, 그에게 기쁨의 찬양을 드릴 수가 있다. 이것이 하나님께서 주시는 평화, 샬롬이다.

우리가 하나님의 자녀라면, 세상 마지막 날에 슬퍼하지 말고 기뻐해야 할 이유가 있어야 한다. 세상을 살면서 우리가 슬퍼하는 이유는 소중하다고 생각하는 것을 빼앗겼거나 잃어버렸기 때문이다. 가족이나 친척, 잘 알고 지내던 지인이나 가까운 친구가 세상을 떠나면 우리는 슬퍼한다. 세상에서 그들을 더이상 볼 수 없기 때문이다. 그들과 함께하던 소중하고 즐거운 시간을 더이상 나눌 수가 없기에 우리는 슬퍼한다.

이 세상을 떠나 죽는다는 것은 유쾌한 일은 아니다. 죽은 후 세상을 불확실하고 어두운 세력이 지배하는 세상으로 생각하기 때문이다. 그러나 천국은 다르다. 천국에 대한 묘사는 다양할 수 있으나 그 본질은 하나님의 통치권이 존재하는 나라로, 그 나라의 주인이 하나님이라는 것이다. 곧 하나님의 나라를 말한다. 그곳은 이 세상과 다르다. 눈물도 없고 슬픔도 없다. 물론 병마도 없고, 근심도 없다. 하나님이 주시는 영원히 목 마르지 않는 생명수를 마시며 영생하는 곳이다. 우리의 필설로 다 형용할 수 없는 좋은 나라다.

우리가 그 하늘나라에서 영원히 살게 된다는 확신이 있다면, 죽음을 두려워하지 말자! 그리고 안심하며 기쁨으로 죽음을 맞이하자! 하나님의 자녀는 세상의 썩어질 씨로 난 사람이 아니다. 썩지 아니할 씨로 난 사람들이다. 그러므로 그의 자녀들은 죽는다고 해도 그리스도와 연합한 사람으로 사망 권세를 이기고 영원히 살게 된다.

그리고 하나님의 자녀들은 죽는 즉시 천국으로 올라간다. 하나님의 자녀는 죽은 후 하나님을 기다리지 않는다. "우리가 담대하여 원하는 바는 차라리 몸을 떠나 주와 함께 거하는 그것이라"(고후 5:8)는 바울의 고백을 우리도 할 수 있어야 한다. 그리고 흰 두루마기를 입고 영광의 면류관을 받게 될 것을 의심하지 말고 믿자.

제1장

하나님의 이름이 거룩히 여김을 받으시오며

하나님의 이름이 거룩히
여김을 받으시오며

지금까지 우리는 하늘에 계신 하나님을 아버지라 부를 수 있는 사람이 누구인가를 살펴보았다. 그리고 아버지를 부르며 그 앞에 나갈 때 우리에게 어떤 축복이 찾아오는지도 살펴보았다. 1장에서는 기도하는 우리에게 "하나님의 이름이 거룩히 여김을 받으소서"라고 기원하라 명하셨다. 주기도문의 구조가 그렇다. 먼저는 하나님을 아버지라 부른 후, 하나님의 이름에 거룩함을 돌려드리는 것이 순서다. 그러므로 우리가 기도드릴 때 먼저 하나님 아버지를 부른 후, 그의 이름에 거룩함을 돌려야 한다.

"그러므로 너희는 이렇게 기도하라"(마 6:9) 하시며 예수께서 친히 우리에게 가르쳐 주신 기도의 모범이다. 물론 급하고 절박할 때는 모든 것을 다 생략하고 간구의 기도를 드릴 수 있을 것이다. 그러나 예수께서 보여주신 기도의 모범으로 보면 이렇게 드리는 기도가 맞다.

하나님께서 주신 십계명 말씀은 무슨 일이 있더라도 지키려고 애쓰면서 예수께서 가르쳐 주신 기도의 모범은 무시하며 세상의 미사여구로 기도하는 사람은 어떤 사람일까? 하늘나라에 가면 십계명은 더이상 소용이 없다. 그러나 하나님을 아버지라 부르며 그의 이름에 거룩과 영광을 올려드리는 기도는 하늘나라에서도 계속된다.

이제 거룩하신 하나님은 어떤 분이신가? 그분의 속성을 살펴보자. 그럼으로 그 이름에 거룩함을 돌려드릴 수가 있게 된다. 그분은 어떤 분이시며 우리를 위하여 무슨 일을 하셨는가? 그리고 지금은 어떻게 일하시며, 영원토록 그가 하실 일은 무엇인가?

예수께서는 하나님의 '이름'에 거룩함을 돌려드리라고 하신다. 여기서 우리가 히브리 사람들의 이름과 우리 이름에 관한 차이를 먼저 알아야 한다. 우리 이름에는 족보 중심의 가족사나 전통이 담겨 있는 경우가 많다. 그러나 히브리 사람들은 우리와 전혀 다른 이름의 뜻이 있다. 성경에서 이름이란 그 사람의 본성과 성격, 즉 인격체를 의미한다. 그러므로 하나님 이름에 거룩을 돌려 드린다는 의미는 하나님 한 분께만 돌려드리는 거룩이 되어야 한다는 것이다. 그러므로 우리는 하나님이 어떤 분이신가 바로 알아야 한다.

먼저 하나님의 존재를 인식해야 한다. 철학에서는 신의 존재를 믿는 유신론과 신의 존재를 거부하는 무신론이 있다. 그러나 신학에서는 신의 존재를 기정사실로 믿고 받아들인다. 우리도 하나님의 존재를 사실로 받아들인다면 어떻게 우리의 인식 속에 하나님을 받아들여 알 수가 있는 것일까? 그리스도교회는 "하나님은 우리의 이성으로 이해할 수 없는 분"이라고 생각한다. 그러나 하나님은 우리에게 알려질 수 있으며, 우리의 구원은 하나님을 알아야만 받을 수 있다.

"네가 하나님의 오묘를
어찌 능히 측량하며
전능자를 어찌 능히 온전히
알겠느냐"(욥 11:7).

"그런즉 너희가 하나님을 누구와
같다 하겠으며 무슨 형상에

비기겠느냐"(사 40:18).

"또 아는 것은 하나님의 아들이 이르러
우리에게 지각을 주사 우리로 참된 자를
알게 하신 것과 또한 우리가 참된 자
곧 그의 아들 예수 그리스도 안에 있는 것이니
그는 참 하나님이시요 영생이시라"(요일 5:20).

이스라엘은 하나님에 관하여는 의문을 제기할 수도 없었고 질문할 수도 없는 전능하신 하나님으로만 믿었다. 그러나 초대교회 시대에는 바울이 선교하여 그리스도교를 선포한 후 성경을 깊이 새겨보는 과정에서 보이지도 않는 하나님, 출생하시지도 않은 하나님, 영원히 알 수 없는 하나님, 형용할 수도 없는 하나님으로 인식하게 되었다.

초대교회 시대는 이미 희랍의 철학적 관념이 지성인들에게 널리 알려진 때라서(소크라테스 399 BC) 그 관념이 그들 마음속에 자리 잡고 있었다. 그 결과 신적 존재란 제한 없는 절대적인 존재로만 믿고 있었다. 이때 초대교회 교부들의 사상도 철학적 관념 안에서 하나님을 이해하는 데 그쳤다. 인간은 하나님의 본성에 관하여는 절대 알 수 없으나, 하나님께서 인간에게 자신을 계시하실 때 비로소 알 수 있다고 생각했다.

그 후 종교개혁자들의 생각도 그들과 다르지 않았다. 루터는 "인간에게 자신을 보이시는 하나님과 인간에게 자신을 숨기고 역사하시는 하나님으로 분리하여 숨어 있는 하나님을 계시된 하나님"으로 보았다. 칼뱅도 "인간은 하나님의 본질을 발견할 수 없으며 이해할 수도 없다"고 생각했다. 그러나 종교개혁자들은 역사하시는 성령의 특별계시를 통해서는 하나님의 존재를 알 수 있다고 믿었다.

초대교회 교부들과 종교개혁자들의 이야기를 쉽게 이해하자면, 하나님은 우리가 계산하고 따지고 살펴서 알 수 있는 존재가 아니라, 하나님의 영, 성령께서 우리로 알게 하실 때 비로소 알 수 있고 또 그를 만날 수 있다는 것이다.

그런데 17세기 경건주의자들의 영향을 받은 신학자들은 하나님의 초월성을 인정하지 않고 신비스러운 하나님으로만 해석하여 인간이 어느 정도는 이해할 수 있는 분으로 생각했다. 이때 하나님의 특별계시는 무시되었고, 인간 스스로가 하나님에 관한 지식을 하나님의 영감이 아닌 경험과 역사를 통하여 알 수 있다고 믿었다. 그리고 성경에 기록된 거의 모든 진리를 받아들이지 않고 사랑만을 강조하는 자유주의 신학이 생겨났다.

자유주의 신학에 반대하여, 하나님을 인식하는 것은 인간의 역사나 경험 등의 지성으로 알 수 있는 것이 아니라, 성경이 우리에게 주시는 특별계시에 의하여 알 수 있다고 칼 바르트가 주장했다. 바르트 신학의 근거는 '하나님의 말씀'이었다. 그 내용은 그리스도의 생애, 죽음 그리고 부활이었다. 이 내용은 사도신경에 명시된 믿는 자들의 고백 그 자체다.

하나님의 말씀인 성경이 우리에게 전해질 때, 우리의 심령을 울려 역사하시는 '특별계시'로만 하나님을 의식할 수 있다는 말이 된다. 성경 말씀에 특별계시라는 단어는 소개되지 않는다. 특별계시와 비교되는 일반계시라는 말도 성경에서 찾을 수 없다. 모두 신학적 용어다.

예를 들어 예수의 성육신과 부활을 생각해 보자. 동정녀 탄생을 어떻게 믿을 수가 있는가. 죽은 사람이 삼 일 만에 어떻게 살아날 수가 있겠는가. 그런 일은 있을 수 없다. 이것을 사실로 믿는 사람들은 착각한 것이거나 멍청한 사람이다. 이렇게 믿는 사람들이 자유주의 신학을 믿는 사람들이다. 그러나 동일한 사건에서 동정녀 탄생과 부활을 하나님의 영, 곧 성령의 감동하심에 따라 이 사건이 내게는 사실로 믿어지는 것을 우리는 '하나님의 특별계시'라고 부른다. 그렇다면 일반계시는 무엇인가?

'일반계시'는 우리가 보는 자연세계, 인간의 의식세계, 세상 통치 속의 계시, 또 성경 말씀 속에 보여지는 실상들을 가리킨다. 창세기 1장과 2장에서 기록된 하나님의 천지창조도 하나님의 일반계시다. 또 성경 말씀은 특별계시라 말하지는 않으나, 그 내용은 설명하고 있다. 특별히 예수께서 3년 동안 하신 사역은 그의 공생애라고 부르나, 그의 사역은 분명한 하나님의 특별계시다.

> "이는 하나님을 알 만한 것이 저희 속에 보임이라
> 하나님께서 이를 저희에게 보이셨느니라
> 창세전부터 그의 보이지 아니하는 것들
> 곧 그의 영원하신 능력과 신성이
> 그 만드신 만물에 분명히 보여 알게 되나니
> 그러므로 저희가 핑계치 못할지니라"(롬 1:19-20).

> "본래 하나님을 본 사람이 없으되
> 아버지 품속에 있는
> 독생하신 하나님이 나타내셨느니라"(요 1:18).

지금 우리는 어떻게 하면 하나님의 이름을 거룩히 여기는가를 찾고 있다. 로마서 1장의 말씀에서는 "알 만한 것을 우리 속에 보이셨다"고 바울은 말하고 있다. 이것은 무엇을 의미하는 것인가? 이 말은 우리는 다 알 수 없으나 알 수 있는 것이 있다는 말이다. 그것이 알 만한 것이다. 우리 말에 "눈 감으면 보이는 것들"이란 표현이 있다. 눈을 감으면 아무것도 볼 수 없다. 그러나 마음속으로는 볼 수 있다는 것이다.

여기서 우리는 하나님의 본성을 알 수 없다. 그러나 하나님께서 알 만한 것을 우리에게 보여 주셨기에 우리는 하나님을 만날 수 있다. 마음속으로 보아 알 수 있는 하나님을 보여 주셨다. 곧 말씀이 예수 그리스도가 되셨다. 히브리서 1장에서는 "옛적에 선지자들로 여러 부분과 여러 모양으로 우리 조상들에게 말씀하신 하나님이 이 모든 날 마지막에 아들로 우리에게 말씀하셨으니"라고 말한다(히 1:1-3 참조).

그러므로 하나님의 존재를 의심하거나 그에게 거룩함을 돌려드리는 것에 의문을 제기한다면, 하나님 불신의 핑계가 됨으로 형벌을 면하지 못하게 된다는 말이다.

그렇다면 하나님의 일반계시는 무엇을 위한 계시인가? 일반계시가 우리에게 필요한 것인가? 답은 '필요하다'이다. 하나님의 일반계시는 인간이 하나님을 더 가까이하며, 하나님을 더 아는 데 도움을 준다. 이로써 인간의 자연적 필요를 충족시키고, 또 그 필요를 고려하게 만드는 계시다. 그러므로 하나님의 창조 목적을 바로 깨달아 하나님과의 친교를 누리게 하시는 것이다.

여기서 하나님과의 친교는 특별계시로 하나님 자녀 됨의 친교와는 다른 친교다. 일반계시에서의 친교는 하나님을 알게 됨으로 교인으로서 교회에 열심히 출석하고 교회사역에서 모범이 되며 교회 직분을 받아 잘 사역하고, 나아가 교회의 제직이나 강도사, 전도사, 목사가 되어 일하는 것도 해당된다. 그러나 구원 받아 하늘나라에 가기를 원하는 사람은 하나님의 '특별계시'를 받아야 한다. 즉 예수를 자신의 구원주 그리스도로 믿는 것이다.

이제 '특별계시'에 관하여 알아보자. 특별계시는 하나님이 예정하신 구속사역을 특별한 계층의 사람들에게만 전달하신 계시다. 여기서 특별한 사람들이란 하나님의 특별한 계시를 믿는 사람들을 칭한다. 이 특별계시를 통하여 죄와 죄책이 면제되어 죽은 후 지옥으로 가는 사람을 구원 받게 하는 계시가 특별계시다.

이 특별계시는 하나님께서 세상을 지으시기도 전에 인간을 구원하시려는 하나님의 구원사적 계획에 근거한다(요 1:17 참조). 하나님의 말씀이 전달될 때에 부르심에 응답하여 믿음으로 이해하고 새로운 피조물이 되어야 한다. 이처럼 인간을 지으신 하나님의 목적에 부응하여 신앙생활 잘하며 살게 하시는 계시가 하나님의 '특별계시'다.

절대 존재의 하나님

세상에는 수많은 신들이 있다. 그 신을 중심으로 민족과 나라가 생겨나고 또 소멸되기도 한다. 한 종교 안에서 종파도 다양하다. 기독교와 이슬람 다음으로 종교인이 많은 인도 힌두교는 3만이 넘는 신을 두고 섬긴다. 일본의 경우도 마찬가지다. 일본 신토교는 수만 개의 신이 있어 일본인 가정보다 많은 신이 있다고도 한다. 그렇게 많은 신을 섬기는 그들은 자신의 신에 관하여 잘 알고 있을까? 그렇지 못하다. 복을 받기 위해 모든 신을 섬기는 것뿐이다.

그러나 그리스도교는 다르다. 우리는 변하지 않으시고, 한이 없으시고, 스스로 계시고, 유일하신 하나님을 믿는다. 그러므로 하나님께서 어떻게 존재하시며 역사하시는지 살펴봄으로 바른 신앙생활의 길을 찾아보자.

첫째, 스스로 계신 하나님(자존성)

먼저 이 문제를 풀어보자. 닭이 먼저인가, 계란이 먼저인가? 닭이 알을 낳고, 알에서 병아리가 나오니 우리는 그 답을 알 수 없다. 그러나 이 과정이 어찌 되었든 하나님께서 만드셨다는 것이 답이다. 그분이 스스로 존재하시는 우리 하나님이시다.

"그런즉 너희가 하나님을 누구와 같다
하겠으며 무슨 형상에 비기겠느냐"(사 40:18).

"여호와의 도모는 영영히 서고
그 심사는 대대에 이르리라"(시 33:11).

그러므로 하나님은 역사를 이루시는데, 어느 누구의 도움도 필요하지 않다. 그는 존재와 사역에서도 독립적이시며 변함 없으신 분이다. 하나님은 세상 어떤 신과도 비교할 수 없고, 또 어떤 형상과도 비교가 안 되는 유일하신, 스스로 계신 분이다.

둘째, 변함 없으신 하나님(불변성)

"천지는 없어지려니와 주는 영존하시겠고
그것들은 다 옷같이 낡으리니
의복같이 바꾸시면 바뀌려니와
주는 여상하시고 주의 연대는 무궁하리라
주의 종들의 자손이 항상 있고 그 후손이
주 앞에 굳게 서리이라 하였도다"(시 102:26-28).

하나님은 불변하시는 분이다. 그의 능력이나 의지에도 변함이 없으시다. 존재와 속성에도 변함이 없으시다. 계획이나 도덕적인 원리에도 전혀 변함이 없으시다. 그러므로 창세전부터 영원까지 변함 없으신 하나님이시다. 세상을 지으시고, 그리스도 안에서 성육신하시고, 성령으로 역사하셔서 교회를 세우시기까지 불변하시는 하나님이시다.

그러나 정체되어 불변하시는 분은 아니다. 그는 창세전부터 영원토록 활동하신다. 그리고 언제나 그의 자녀들과 동행하신다. 그러므로 우리는 그를 아버지라 부르며 그의 이름에 영광 돌려야 한다. 그는 오고 가는 모든 세대에 하나님이 되시므로 변함이 없으시다.

셋째, 모든 제한으로부터 자유하신 하나님(무한성)

하나님은 절대적으로 완전하며 모든 제한으로부터 자유하신 분이다. 우리의 기도가 응답되지 않을 때 하나님의 능력을 의심해서는 안 된다. 하나님은 모든 결핍으로부터 자유하신 분이다. "여호와는 광대하시니 크게 찬양할 것이라 그의 광대하심은 측량치 못하리로다"(시 145:3)라고 하듯 모든 제한으로부터 자유하신 하나님은 그 본성에 영원함이 있다.

"산이 생기기도 전, 땅과 세계도
주께서 조성하시기 전
곧 영원부터 영원까지
주는 하나님이시니이다"(시 90:2).

하나님 존재의 특별함은 창조 이전부터 존재하며 우주 모든 것들보다 선재하신다는 말씀이다. 우리는 창세기 1장과 2장을 통하여 하나님의 창조사역을 보며 그의 위대하심을 본다. 그러나 사람들은 그 우주를 조성하신 하나님의 본성에 관하여는 별로 관심을 갖지 않는다. 하나님의 이름에 거룩함을 돌려드리려면 그의 본성을 알아야 한다. 하나님께서 영원 전부터 그리스도 예수 안에서 우리를 택하시고 우리로 사랑 안에서 그 앞에 거룩하고 흠이 없게 하시려고 그 기쁘신 뜻대로 우리를 예정하사 그리스도로 말미암아 자기의 아들들이 되게 하셨다(엡 1:4-5 참조)는 말씀을 기억해야 한다.

여기까지 하나님의 이름을 거룩히 여김 받으옵시기를 바라는 마음으로 하나님을 살펴보았다. 우리가 하나님을 인식하는데 종교개혁 이전과 이후로 분리하여 같은 하나님을 발견하려 했다면 그분은 삼위일체 하나님이다. 그러므로 삼위일체 하나님을 바로 아는 것이 매우 중요하다.

삼위일체 하나님

신약시대 유대인들이 하나님의 유일성을 강조하였기 때문에 그리스도교 안에서는 자연스럽게 하나님의 유일성이 그대로 유지되었다. 예수께서 승천하시고 백오십여 년이 지난 후 성부와 성자의 관계를 정의하지 못한 채 문제가 생기자 터툴리안이 처음으로 삼위일체(Trinity)라는 말을 사용하여 그리스도교의 교리로 언급했다. 삼위일체 교리는 지금도 그리스도교 교리의 난제로 남아 있다.

모든 일의 발생과 결과가 어떤 원인으로부터 시작된다는 인과론적 관점에서 하나님은 모든 일의 발생과 그 결과를 하나님 자신 외에는 아무것에도 의지하지 않으신다. 세상 만물의 창조와 소멸과 운행이 모두 하나님께로부터 온 것이다. 세상을 말씀으로 지으시고 운행하시며 인간의 죄를 사하시고 구원하시는 이 모든 일을 하나님의 세 위격, 삼위일체 하나님의 사역이라고 부른다. 그러므로 믿음의 눈으로 본다면 이해할 수 있는 과제라고 생각한다.

이 문제가 교회 안에서 논쟁거리가 될 때 니케아공의회(AD 325)는 성자가 성부와 동일본질임을 선언하였다. 그 후 콘스탄티노플 공의회(AD 381)에서 성령의 신성도 삼위 중의 하나로 선포되었다. 종교개혁 이후에는 삼위에 관하여는 별로 관심이 없었다.

사람들은 구약에서 발견되는 하나님의 유일성으로 만족하면 안 되었을까 질문할 수도 있다. 그러나 앞서 살펴본 대로 하나님은 이성적이며 도덕적인 존재로 인격성을 강조한다. 곧 사람을 만나시는 하나님은 보이지 않고 만질 수 없는 영으로만 존재하는 하나님이 아니라, 인간에게 이성적으로 말씀하시고 들으시고 판단하시는 인격적인 하나님이시다. 그러므로 예수께서는 주기도문 서문에서와 같이 하나님과 인간의 관계를 "하늘에 계신 우리의 아버지"라 부르며 기도하라고 가르치셨다.

또한 인간은 하나님의 형상을 닮아 창조되었기에(창 1:26) 인간의 인격은 하나님의 인격을 닮았음이 분명하다. 그러나 바람직하지 못한 인격은 하나님을 닮은 것이 아니다. 인간의 처음 인격은 타락 이전의 아담의 인격이다. 불순종의 인격은 아담이 마귀의 시험에 빠진 결과로 얻은 인격으로, 하나님을 닮은 인격이 아니다. 사람은 한 인격체로 살아가나 하나님은 성부와 성자와 성령의 각기 다른 세 인격체로 활동하신다.

구약성경을 보면 하나님이 자신을 복수 형태로 암시하는 말씀이 있다. 노아의 자손이 한 가지 말과 언어를 사용하며, 벽돌을 쌓아 하늘에 닿게 하여 자신들의 이름을 높이려 바벨탑을 쌓았다. 이때 여호와께서는 "자, 우리가 내려가서 그들의 언어를 혼잡케 하여 그들로 서로 알아듣지 못하게 하자"(창 11:7)라고 하시며 하나님 자신이 복수가 됨을 언급하시고 있다. 또 인간을 지으실 때도 "우리의 형상을 따라 우리의 모양대로 사람을 만들고"(창 1:26)라고 말씀하신다. 신약성경에서는 더욱 분명한 계시의 말씀들이 있다.

"아들을 낳으리니 이름을 예수라 하라
이는 그가 자기 백성을 저희 죄에서
구원할 자이심이라 하니라"(마 1:21).

이 말씀은 하나님께서 천사를 통하여 마리아의 남편 요셉에게 하신 말씀으로 성자 예수가 태어나실 것을 나타내고 있다. 또 하나님께서 자기의 아들을 세상에 보내사 영생을 얻게 하는 말씀이 요한복음 3장 16절 말씀이다. 이로써 신약성경도 성자 예수를 증거하고 있다. 또한 신약성경에도 성령을 파송하시는 성부와 성자의 말씀이 있다. 이제 성령의 일하심을 살펴보도록 하자.

"보혜사 곧 아버지께서 내 이름으로
보내실 성령 그가 너희에게 모든 것을
가르치시고 내가 너희에게 말한
모든 것을 생각나게 하시리라"(요 14:26).

이는 예수께서 십자가 고난을 받기 전에 하신 말씀으로 아버지께서 보내시는 성령이 성도를 가르칠 것이며, 예수께 배운 말씀이 생각나도록 인도하실 것이라고 하신다. 여기서 우리는 한 가지, 믿음의 요소에 대해 다시 생각해 볼 필요가 있다. 우리가 지금 새롭게 발견한 것이라고 생각하는 그 어떤 것을 하나님께서 창조하지 않은 것이라고 생각하면 안 된다. 예를 들면 어떤 식물학자가 새로운 식물을 발견해서 그 이름을 짓고 식물도감에 등재했다고 그 식물이 새로운 식물이 되는 것은 아니다. 그 식물은 이미 하나님이 창조하셨고 몇천 년이 지난 후에 그가 알게 된 것이다.

성경 말씀 가운데 있는 진리도 이와 같다. 하나님의 모든 계획하심과 그의 뜻은 성경 말씀으로 기록되어 있다. 그 말씀의 뜻을 가르치시고 알게 하시고 다시 생각나게 하시는 분이 보혜사 성령이라는 말씀이다. 예수의 열두 제자들은 하나님의 뜻을 예수께서 풀어 가르치시는 대로 배웠다. 그때 의문이 있으면 예수께 질문하여 답을 받았다. 그러나 예수께서 승천하신 후에는 의문에 대한 답을 보혜사 성령께서 주시게 된다는 말씀이다.

말씀의 요점은 이것이다. 성령의 사역은 성부 하나님께서 세상을 창조하시고 운행하시는 일을 도와 하나님의 뜻대로 순행하게 하시고, 하나님이 보내신 성자 예수의 뜻이 이 땅에서 이루어져 형벌 받을 죄인들을 구원 받게 하시는 것이다.

여기서 성부와 성자의 뜻대로가 아닌, 성령의 뜻이 따로 있는 것으로 해석하여 원하고 구한다면 문제가 있는 것이다. 성령의 역사만 지나치게 강조하면 악령의 신비주의에 빠질 수 있다. 성령께서는 삼위일체 하나님이 되심으로 다른 일은 하시지 않는다. 예수께서 세상에 머무르지는 않으시나 하나님의 성령으로 함께하실 것을 약속하시며 승천하시기 전 이렇게 부탁하셨다.

"그러므로 너희는 가서 모든 족속으로 제자를 삼아
아버지와 아들과 성령의 이름으로 세례를 주고
내가 너희에게 분부한 모든 것을 가르쳐 지키게 하라
볼지어다 내가 세상 끝날까지
너희와 항상 함께 있으리라 하시니라"(마 28:19-20).

이 말씀에는 성부와 성자와 성령 삼위가 모두 언급되고 있다. 예수께서 그의 제자들에게 직접 하신 말씀이다. 그러므로 삼위일체의 하나님은 의심될 수 없다. 이 말씀의 요지는 복음이 유대인에게 전해지는 하나님의 말씀일 뿐만 아니라, 온 인류를 위한 말씀이 된다는 것이다. 이제 더 자세히 삼위 하나님에 대해 알아보자.

제1위 성부 하나님

성부는 삼위일체 중에서 제1위 하나님이시다. 성부는 하나님께만 적용되는 이름이다. 피조물을 지으신 하나님께 아버지라 호칭할 때 언제나 하나님 아버지는 제1위 성부의 이름에 돌려진다. 구약성경에는 언제나 하나님과 이스라엘 백성의 관계를 아버지와 자녀의 관계로 묘사한다. 그리고 성부 하나님은 스스로 존재하신다는 것이다. 무엇으로부터 태어나거나 조성된 분이 아니라 스스로 계신 분이다. 그리고 인간의 구원사역을 계획하고 주관하시는 분이다.

제2위 성자 하나님

성자는 삼위일체의 제2위 하나님이시다. 성자는 하나님의 아들 혹은 아들이라고 부른다. 태초부터 하나님의 아들로 세상에 오시기로 예정된 분이시다.

"말씀이 육신이 되어 우리 가운데 거하시매
우리가 그 영광을 보니

아버지의 독생자의 영광이요
은혜와 진리가 충만하더라"(요 1:14).

요한복음서의 백미는 3장 16절이다. 이 말씀은 죄인을 부르시는 "하나님의 부르심"으로 예수 그리스도를 가장 빛나게 설명하는 말씀이 된다. 그렇게 우리 인간을 구원하시는 하나님은 누구신가? 그가 바로 예수 그리스도다. 여기서 사도 요한의 "말씀이 육신이 되어"라는 말은 인간의 지혜로 이해할 수 없는 표현이다. 성령의 감화가 없이는 이해하기 어렵다. 부르심의 응답은 예수를 믿는 것이다.

요한은 그의 복음서 1장 1절에서 "태초에 말씀이 계셨다"라고 말한다. 그리고 "이 말씀은 하나님이다"라고 말한다. 말씀이 육신이 되었다는 말은, 그 말씀은 성육신하신 예수를 가리키는 것이다. 예수가 중보자로서 지위와 사역에 관계없이 하나님의 아들 성자 되심은 의심할 수 없는 진리다.

예수께서는 주기도문 서문에서 "하늘에 계신 우리 아버지여"라 칭하며 성부와 성자의 관계를 분명히 하셨다. 성자는 성부에 의해서 발생하며, 성자는 성부와 성령 파송에 함께하신다. 또한 성령은 성자에 의해 그의 신성이 증명된다.

첫째, 성자는 영원한 존재다.

성자 예수는 영원한 존재다. 선지자 이사야는 그에 관하여 이렇게 예언한다.

"이는 한 아기가 우리에게 났고
한 아들을 우리에게 주신 바 되었는데
그 어깨에는 정사를 메었고

그 이름은 기묘자라, 모사라, 전능하신
하나님이라, 영존하시는 아버지라,
평강의 왕이라 할 것임이라"(사 9:6).

이 말씀은 어린 예수께서 죄인을 위하여 평강의 왕으로 이 세상에 오실 것을 예언하고 있다. 그 어린아이가 세상에서 할 일과 그 일에 대해 "그 어느 누구도 생각하지 못하는 놀랍고 기이한 일을 행하시는 분"으로 설명하고 있다. 그가 죄인을 구원하시는 그리스도가 되신다. 그리고 그를 전능하신 하나님으로 부를 수 있다는 말씀이다. 어찌 어린아이가 전능하신 하나님이 되겠는가? 그러나 그는 전능하신 성자 예수로 영존하시는 하나님이 되신다.

둘째, 성자의 신성이 증명된다.

"조상들도 저희 것이요
육신으로 하면 그리스도가
저희에게서 나셨으니 저는
만물 위에 계셔 세세에 찬양을 받으실
하나님이시니라 아멘"(롬 9:5).

"그는 근본 하나님의 본체시나
하나님과 동등됨을 취할 것으로
여기지 아니하시고"(빌 2:6).

성육신 하신 예수에 관하여 유대인의 하나님 되심은 물론 온 인류의 하나님이 되심을 선포하고 있다. 바울이 말하는 그리스도께서 만물 위에 계시다는 말이 그 말이다. 또 그리스도께서 영광을 세세토록 받으실 하나님이라고 말하여 예수는 사람일 뿐만 아니라 하나님이 되신다는 뜻이다.

바울은 빌립보교회에 보낸 편지에서도 하나님의 본체 안에 존재하시는 예수께서는 모든 은사와 능력이 하나님과 동일하시나 인류를 구원하시기 위해 인간이 되신 하나님을 소개하고 있다. 그러므로 예수께서는 종의 형체를 취하시며 죄인을 위해 목숨을 버려 희생제물이 되신 것이다.

셋째, 성자는 전능하시다.

"그가 만물을 자기에게 복종케 하실 수 있는
자의 역사로 우리의 낮은 몸을
자기 영광의 몸의 형체와 같이
변케 하시리라"(빌 3:21).

"주 하나님이 가라사대
나는 알파와 오메가라
이제도 있고 전에도 있었고
장차 올 자요 전능한 자라 하시더라"(계 1:8).

바울은 빌립보교회에 예수께서 하늘나라에 들어가는 길을 예비하신 일에 관하여 설명한다. 우리가 온전한 구원을 받아 하늘나라에 들어갈 때에 어떤 과정을 통하여 그곳에 가는가를 설명한다. 곧 세상에 사는 우리의 몸을 '낮은 몸'으로 묘사하며, 우리 모습 이대로는 결단코 천국에 갈 수 없음을 설명하고 있다. 이 말씀을 오해하지 말라. 우리가 자주 부르는 찬송 "내 모습 이대로 주 받아주소서 날 위해 돌아가신 주 날 받아주소서"에서는 "내 모습 이대로"라고 하는데 '낮은 몸'이란 무슨 말일까? 누가복음 5장 11절의 내용으로 만든 이 찬송가의 의미는 세상 일로 살던 제자들을 부를 때, 그들이 그 모습 그대로 예수의 부르심을 따른 것을 말한다.

그러나 여기서 바울의 낮은 몸이란, 우리가 하늘나라에 들어갈 때의 모습이다. 부활하신 예수의 몸이 변화되어 승천하신 것처럼 우리의 몸이 영광의 형체로 변하여 하나님께로 인도된다는 뜻이다. 이 과정을 이루시는 분이 예수 그리스도다. 사도 요한도 간단한 두 글자 헬라어 알파벳 알파와 오메가를 인용하여 우리 인간의 처음부터 마지막까지 모든 행사를 주관하시는 분이 그리스도가 되시며 장차 재림하셔서 죄인을 구원하실 예수께서 하나님 되심을 설명하고 있다.

넷째, 성자는 사죄하신다.

예수께서는 자신이 죄를 용서하는 권세가 있음을 선포하셨다. 이 말씀에 대해 유대인은 신성모독이라는 반응을 보였다. 무엇 때문에 유대인들은 예수를 그들의 메시아로 볼 수 없었던 것인가? 예수께서는 그 답으로 "나를 보내신 아버지께서 친히 나를 위하여 증거하셨느니라 너희는 아무 때에도 그 음성을 듣지 못하였고 그 형용을 보지 못하였으며 그 말씀이 너희 속에 거하지 아니하니"(요 5:37-38)라고 말씀하신다.

"인자가 세상에서 죄를 사하는 권세가 있는 줄을 너희로 알게 하려 하노라 하시고 중풍병자에게 말씀하시되 일어나 네 침상을 가지고 집으로 가라 하시니 그가 일어나 집으로 돌아가거늘"(마 9:6-7)이라는 말씀을 보면, 중풍병자가 치료되는 과정을 지켜본 유대인들에게 중풍병자가 일어나 걷게 됨은 죄 사함 받았다는 증거가 된다. 그 자리에서 예수는 죄를 사하시는 하나님이 되심을 보여 주셨다. 그러나 무리는 그를 믿지 못했다.

이 사건에서 핵심은 병 고침이 아니라 병을 고치신 예수가 누구신가를 믿는 것이다. 곧 성자 예수를 사죄하시는 하나님으로 믿는 것이다.

다섯째, 성자는 만물의 붕괴와 갱신에 관여하신다.

"보좌에 앉으신 이가 가라사대
보라 내가 만물을 새롭게 하노라
하시고 또 가라사대 이 말은 신실하고
참되니 기록하라 하시고"(계 21:5).

"그것들은 멸망할 것이나 오직 주는 영존할 것이요
그것들은 다 옷과 같이 낡아지리니
의복처럼 갈아입을 것이요
그것들이 옷과 같이 변할 것이나 주는 여전하여
연대가 다함이 없으리라 하였으나"(히 1:11-12).

성자 예수는 만물의 마지막 붕괴와 갱신에 관여하신다. 창조주 하나님은 세상을 만드셨다. 예수께서는 세상 모든 만물을 새롭게 하신다고 말씀하신다. 이는 예수께서 하신 말씀과 같은 말씀으로 읽어야 한다. "누구든지 그리스도 안에 있으면 새로운 피조물이라 이전 것은 지나갔으니 보라 새것이 되었도다"(고후 5:17)는 사람을 새로운 피조물로 거듭나게 해 천국으로 인도하시는 분이 예수 그리스도가 되신다는 말씀이다. 그리고 이 세상 마지막 날에는 사람뿐만 아니라 만물이 새롭게 될 것에 대해 요한이 계시를 받아 기록했다.

그러므로 우리는 그렇게 믿어야 한다. 히브리서에서도 예수께서는 만물을 새롭게 하실 하나님으로 설명한다. 사실 이 말씀은 시편 102편 25-27절 말씀의 인용이다. 여기서도 하나님의 사역에 관하여 설명하고 있으나 히브리서 기자는 일하시는 주체를 그리스도 예수로 설명하여 예수의 영원성과 만물에 관한 그의 주권을 나타내고 있다.

모든 피조물은 사라질 것이나, 그리스도는 영존하시고 만물이 의복처럼 낡아지면 새 옷을 입듯 주께서 모든 피조물도 새롭게 하실 수 있음을 말하여, 그의 하시는 일은 영원하다고 설명한다. 그러므로 세상 만물의 붕괴와 갱신을 주장하시는 분은 성자 예수다.

여섯째, 성자에게 신적 영광이 돌려진다.

"아버지께서 죽은 자를 일으켜 살리심과 같이
아들도 자기의 원하는 자를 살리느니라
아버지께서 아무도 심판하지 아니하시고
다 아들에게 맡기셨으니"(요 5:21-22).

예수께서 죽은 자를 살리심은 그들이 예수를 하나님의 아들 성자로 믿게 하려는 것이었다. 엘리야가 과부의 아들을 살리고(왕상 17:22) 엘리사는 수넴 여인의 아들을 살렸는데(왕하 4:32-35), 엘리야와 엘리사를 통해 전능하신 하나님을 보여 주실 때 그들은 하나님의 능력을 의심 없이 믿게 되었다. 예수께서 죽은 나사로와 나인성 과부의 아들을 살리실 때에도 자신이 하나님의 아들 되심을 선포한 것이다. 그리고 이 사역을 통해 하나님께 영광을 돌려드린 것이다.

여기서 아들이 원하는 자는 예수를 그리스도로 믿는 자들을 말한다. 그러므로 하나님의 뜻대로 세상을 사는 사람이 되어야 한다.

제3위 성령 하나님

성령은 히브리어와 헬라어에서 '숨 쉬다'라는 뜻을 지닌 영(spirit)을 나타내고 있다. 요한복음에서는 하나님을 영이라고 부르고 있다(요 4:24). 이는 보이지 않는 영을 말한다. 이것을 하나님의 영, 주의 영으로 성령이라고 부른다. 성령은 신자들의 마음에 거하시며 신자들의 죄를 사하셔서 의로운 사람으로 거듭나게 하신다. 그렇다면 성령도 성부와 성자처럼 인격성을 가지고 계시는가? 여기서 우리는 의문이 생긴다.

성령은 모든 피조물에 대한 하나님의 사역을 완성하는 데 일조하여 성자의 사역이 성부의 사역을 완성함과 같이, 성자의 사역을 도와 완성시킨다. 여기서 성령의 사역만 강조하게 되면 신비주의에 빠지기 쉬우므로 조심해야 한다.

성령은 사람의 영감과 재능에 관여한다. 성령은 출애굽한 이스라엘이 특별히 성막을 지어 하나님을 예배할 때 성령이 그들의 마음에 충만하게 임하여 조각하는 일과 자수하는 일을 잘 하게 하셨다(출 35:35). 그리고 성령은 새 생명을 시작하게 하신다. 창세기 1장은 하나님의 창조사역이 기록된 말씀이다. 하나님의 창조사역이 진행되는 모든 것이 성령의 사역이다. 성령은 성경에 영감을 주신다. 사도 바울이 복음을 전할 때 사람의 지혜로가 아니라, 오직 성령께서 가르치신 것으로 가르치게 하셨다(고전 2:12). 여기서 우리는 의문이 생긴다. 성령도 성부와 성자처럼 인격성이 있는 것일까? 사람들은 처음부터 하나님 아버지를 불러 왔고, 예수 그리스도는 성경 말씀에 한 아기가 탄생하는 것으로 설명되어 유대 땅 베들레헴에 탄생하심으로, 그리고 삼 년의 공생애로 충분히 인격성이 증명되었다.

그런데 성령은 다르다. 성령은 영, 바람, 숨소리라는 뜻으로 실제 우리 눈으로 볼 수 없는 존재다. 이 성령을 인격체로 인식한다는 것은 간단한 일이 아니다. 그러므로 초대 교회 일부 단신론자들과 종교개혁 이후 소시니안주의(Socinianism)자들은 삼위일체와 그리스도의 신성을 거부했다. 근래에는 현대주의(Modernism)자도 성령의 인격화에 부정적 입장을 취한다. 그러나 신약성경은 확실하게 성령의 인격성을 보장하고 있다.

"보혜사 곧 아버지께서 내 이름으로
보내실 성령 그가 너희에게
모든 것을 가르치시고 내가 너희에게 말한
모든 것을 생각나게 하리라"(요 14:26).

"이와 같이 성령도 우리 연약함을 도우시나니
우리가 마땅히 빌 바를 알지 못하나
오직 성령이 말할 수 없는 탄식으로
우리를 위하여 친히 간구하시느니라"(롬 8:26).

사도 요한과 바울은 성령의 인격성을 충분히 증거하고 있다. 성령은 감정을 표현하시고, 또 자신의 의지를 나타내시고, 지식이 풍부하시다. 그러므로 하나님의 성령을 근심하게 하지 말라. 그 안에서 너희가 구속의 날까지 인치심을 받았느니라(엡 4:3)란 말씀에서 성령의 감정을 설명한다.

또 이 모든 일은 같은 한 성령이 행하사, 그 뜻대로 각 사람에게 나누어 주신다(고전 12:11). "성령이 아시아에서 말씀을 전하지 못하게 하시거늘 브루기아와 갈라디아 땅으로 다녀가 무시아 앞에 이르러 비두니아로 가고자 애쓰되 예수의 영이 허락지 아니하시는지라"(행 16:6-7)는 말씀은 성령의 의지를 보이신다.

또한 성령이 친히 우리의 영과 더불어 우리가 하나님의 자녀인 것을 증거하신다(롬 8:16)고 말씀한다. 그러므로 성령이 느끼시고, 근심하시고, 그의 뜻대로 행하시고, 증거하시고, 명령하시고, 계시하시고, 간구하시고, 죽은 자를 살리시는 인격체가 되심은 의심 받을 수 없는 사실이다.

지금까지 우리는 하나님의 존재에 대한 증거와 우리가 인식하는 하나님, 그리고 그분의 계시, 절대존재로서의 특징과 삼위일체 등을 살펴보았다. 이제는 그렇게 존재하시는 하나님은 무엇을 하시는 분이신가, 곧 하나님은 우리에게 무슨 일을 하시는 분이신지 살펴보자.

왜 하나님에 관하여 자세히 알아야 하나

믿으라면 믿으면 되는 일인데 왜 자세히 알아야 하는가? 지금까지 신앙생활을 하면서 듣고 배운 게 몇 년인데, 지금도 배워야 할 것이 더 남아 있겠느냐며 질문할 수도 있다. 그러나 바로 아는 것이 중요하고, 자세히 아는 것은 더욱 중요하다. 세상을 살면서 손해를 보고 억울함을 당하는 것의 대부분은 그 재난이 자신에게 닥쳐올 것을 몰랐기 때문이다. 알고만 있었다면, 미리 방지했거나 피할 수도 있었다. 믿음 생활도 이와 크게 다르지 않다.

사도 바울이 데살로니가와 베뢰아에서 복음의 말씀을 전하다 쫓겨나 홀로 아덴에서 말씀을 전할 때, 그 성에 우상이 가득한 것을 보고 마음에 격분을 느끼게 되었다(행 17:16). 왜냐하면 그곳에는 "알지 못하는 신"에게 제사를 드리는 제단까지 있었기 때문이다. 바울은 여기서 하나님을 믿지 않고 우상을 섬기는 것을 보고 분을 내었다고 적고 있다.

바울은 참으로 하나님의 사람이라고 생각한다. 우리는 하나님의 말씀을 듣고 감동을 받을 때, 사명을 가지고 이 귀한 복음을 불신자에게 전해야겠다는 마음의 다짐을 한다. 그런데 바울은 그 사명감이 넘쳐서 격분했다. 참 대단한 믿음의 소유자, 하나님의 사람인 것은 틀림없다.

이 말씀은 불신자를 보면 분노하라는 말씀은 아니나, 복음을 전하기 위한 전도자의 불타는 구령의 열정을 말하고 있는 것이다. 우리도 그렇게 되어야 함이 마땅하다. 이에 사도 바울은 "너희가 알지 못하고 위하는 그것을 내가 너희에게 알게 하리라"(행 17:23) 하며 복음을 전했다. 그렇게 그가 전한 말씀의 핵심은 막연히 복 주리라 믿는 신(god)이 아니라 부활하신 그리스도를 구주로 믿는 신앙이었다.

우리도 세상을 살아가면서 필요한 것을 구하고 불필요한 것은 제하여 버리기를 간구한다. 아덴 사람들은 아덴의 인구보다 더 많은 신을 섬겼다고 한다. 그것도 모자라 이름 모를 신들까지 섬겼다. 그들은 더 부요해지고 더 안전해지고 더 강해지기 위하여 이름 모르는 신까지 섬겼다. 이것이 세상의 복만을 추구하는 사람들의 소원이다.

세상에서 복 많이 받고 사는 것만을 추구한다면 우리 역시 아덴 사람이다. 불쌍한 아덴 사람을 위하여 바울이 한 말을 기억하자. 하나님께서 지명하신 예수께서는 천하를 공의로 심판하실 날을 작정하시고 이에 저를 죽은 자 가운데서 다시 살리신 것으로 모든 사람에게 믿을 만한 증거를 주셨다(행 17:31 참조)고 말한다. 이렇게 예수를 우리의 구원의 주로 보내신 분이 하나님이다.

전 장에서 살펴본 대로 하나님께서는 인간을 향해 하나님의 계시를 보여주시며 일하심을 찾아보았다. 일반계시는 하나님이 지으신 모든 피조물에 대한 하나님의 한없는 사랑과 은혜임을 알 수 있다. 우리가 열심히 그 무엇을 구하며 기도하면 하나님께서는 응답해 주신다. 그 결과로 삶이 부요해져서 사업의 풍요를 누릴 수도 있고, 연구와 학업에서도 진보를 이룰 수도 있다. 그 결과는 삶이 부요해지는 것이다. 이렇게 이 세상 사는 것에 만족하여 영생의 복을 놓치면 불쌍한 사람이 된다.

그러므로 하나님의 사역을 바로 알아 세상 모든 사람이 받는 복뿐만 아니라, 하나님의 특별계시를 통한 영생의 축복도 누려야 한다.

하나님께서 세상을 창조하실 때 빛을 만드시고 물을 만드시고 채소와 모든 짐승과 새도 만드신 후(창 1:1-28) 사람을 만드셔서 이 모든 것을 정복하고 다스리라고 명령하셨다. 이제 이렇게 세상을 창조하신 하나님께서 어떤 사역을 시작하기로 작정하셨는지 찾아보자.

성경은 하나님께서 모든 일을 그 마음의 원대로 역사하시는 분(엡 1:11)이라고 말한다. 여기서 우리는 이 말씀의 뜻을 바로 이해해야 한다. 하나님의 마음의 원대로란 하나님 마음 내키는 대로 하신다는 뜻이 아니다. 이 말씀에 관하여는 교파나 교리에 따라 서로 다르게 해석하고 있으나, 하나님의 작정이란 무엇인가의 답을 웨스트민스터 소요리 문답에서는 이렇게 정의하고 있다.

그 뜻대로 하신 영원한 경륜인데

이로 말미암아 자기의 영광을 위하여
모든 되어가는 일을 미리 작정하신 것이라.
– 웨스트민스터 소요리 문답 7문의 답 –

사도 바울도 하나님은 그가 행하시는 모든 일을 그의 원대로 행하시는 분이라 말하며, 그의 기쁘신 뜻대로 행하신다고 말한다.

"그 기쁘신 뜻대로 우리를 예정하사
예수 그리스도로 말미암아 자기의
아들들이 되게 하셨으니
이는 그의 사랑하시는 자 안에서
우리에게 거저 주시는바 그의 은혜의 영광을
찬미하게 하려 하는 것이라……
모든 일을 그 마음의 원대로
역사하시는 자의 뜻을 따라 우리가 예정을 입어
그 안에서 기업이 되었으니"(엡 1:5-11).

하나님의 일하심을 크게 두 가지로 나눌 수 있다. 먼저는 인간을 창조하심이며 다음은 인류를 구원하심이다. 창조는 이미 이루어졌으며, 구원은 하나님의 기쁘신 뜻대로 이루어가고 계신다. 결국은 택하신 백성이 하나님의 자녀(양자)가 되게 하시는 것이다. 우리가 세상 사는 날 동안 겪는 고난과 역경 그리고 위로와 상급 모두는, 우리가 구원 받아 하늘나라 가기 전 여정 가운데 일어나는 과정일 뿐이다. 여기에 하나님의 기쁘신 뜻이 있다.

에덴동산에서 타락한 인간을 하나님의 자녀로 회복시켜주시고 죄책으로 죽을 수밖에 없는 인간을 살리사 영생을 허락하시는 것이 하나님의 기쁘신 뜻이다. 이 과정에서 예수를 자신의 구원주 그리스도로 믿는 자를 하나님의 자녀가 되게 하셨다.

사도 바울이 에베소서를 쓰고 있는 AD 62년경의 로마법에서 아버지는 무소불위의 권한을 가지고 있었다. 아버지는 자녀를 팔아버릴 수도 있었고, 종처럼 일만 시킬 수도 있었고, 재산을 줄 수도 있었고, 빼앗을 수도 있었다. 심지어는 자녀를 죽일 권한까지도 있었다. 이 말씀에서 언급하는 하나님 아버지의 권한은 로마법을 초월하는 아주 강력한 권한으로 하나님의 의지가 담겨 있다는 것이다. 그러므로 예수를 자신의 구원주로 믿은 후 자녀가 된 자는 하나님 아버지의 깊으신 뜻을 의심해서는 안 된다.

"아버지께서 내게 주시는 자는
다 내게로 올 것이요
내게 오는 자는 내가 결코
내어 쫓지 아니하리라"(요 6:37).

"내 아버지의 뜻은
아들을 보고 믿는 자마다
영생을 얻는 것이니
마지막 날에 내가 이를
다시 살리리라 하시니라"(요 6:40).

따라서 하나님의 뜻에 순종하여 그의 독생자 예수를 자신의 구원주 그리스도로 믿는 사람은 결코 천국에서 쫓겨나지 않을 것을 의심 없이 믿어야 한다. 이런 근거로 "하나님의 뜻을 순종하는 것은 기적을 행하는 것보다도 낫다"라고 루터는 말한다. 이때 은혜 받은 자녀들은 거저 받은 은혜를 찬미하여 하나님께 영광 돌려드림이 마땅하다. 이 구원은 복음이 되며 예수께서 삼 년간 행하신 일이 이 일이다.

하나님의 이름을 거룩하게 한다는 말은 무엇을 의미하는가? 우리가 그의 이름을 거룩하게 여길 때에 하나님은 영광을 받으신다. 그러므로 하나님 이름에 거룩함을 돌려드리는 것이 무엇인지 아는 것은 매우 중요하다. 거룩함이란 추하고 속된 것들로부터 분리된 것이다. 깨끗한 것이 더러운 것으로부터 분리된 것이다. 정돈된 것이 어지럽게 흩어진 것으로부터 분리된 것이다.

여기서 하나님의 거룩함이란 세상의 속된 것으로부터 분리된 특별한 것을 말한다. 유대인들은 성막(후기에는 성전)을 거룩하게 여겼다. 성막 안에 있는 제사에 필요한 모든 집기와 가구를 거룩하게 여겼다. 또 성막에서 일하는 레위인들과 제사장을 구별하여 거룩하게 여겼다. 유대인들은 수입의 십 분의 일을 거룩히 구별하여 하나님께 드렸다.

이처럼 하나님의 이름을 거룩히 여기는 것은 우리의 삶에서 하나님의 이름을 구별하여 높이며, 그를 존경하여 세상이 보기에도 존경할 수 있도록 존귀하게 대우하는 것이다. 하나님은 본질적으로 흠이나 부족함이 없으신 온전하시고 완전하신 분이다. 우리가 하나님의 거룩하심에 더 보탤 것은 없다. 그러나 우리가 하나님의 이름을 거룩함으로 대할 때 하나님의 이름은 더욱 위대하게 칭송을 받게 될 것이다. 이 과정을 통해 하나님은 영광을 받게 되실 것이다.

이제 우리의 신앙생활을 통하여 하나님의 이름을 거룩하게 하는 것이 무엇인지 알아보자.

첫째, 예배드림이 하나님의 이름을 거룩하게 한다.

"하나님은 영이시니 예배하는 자가
영과 진리로 예배할지니라"(요 4:24, 개역개정).

예수께서는 이 말씀으로 우리가 하나님께 드려야 할 예배를 설명하신다. 예배 받으시는 하나님은 영이시다. 그러므로 예배를 영으로 드려야 한다고 말씀하신다. 이 말씀을 보면, 예수께서 유대를 떠나 갈릴리로 가실 때 사마리아 땅을 통과하여 수가라 하는 동네에 이르러 우물가에서 한 사마리아 여인을 만나게 된다. 이때 여인의 질문에 답하신 말씀이다.

유대인들은 시온산에서, 사마리아인들은 그리심산에서 예배하며 자신들이 옳다 하는 논쟁이 있을 때 예수께서 주신 답으로, 이 산에서도 말고 예루살렘에서도 말지니 예배하는 자는 '영과 진리'로 예배하라고 말씀하셨다. 참된 예배의 의미는 예배를 드리는 장소나 형식이나 사람(육체)에 의해 결정되는 것이 아니라, 예배드리는 사람의 영이 진리로 예배해야 한다는 것이다.

여기서 영은 무엇을 의미하는가? 우리의 심령인가? 아니다. 여기서 영이란 성령을 말하는 것이다. 우리가 하나님을 예배하는 것은 오직 예수 그리스도를 통해서만 예배할 수 있으므로(요 1:18, 14:6) 예수가 나의 구주 되심을 믿게 하신 그 영, 곧 성령을 통하여 예배드려야 한다는 말씀이다.

둘째, 찬송함이 하나님의 이름을 거룩하게 한다.
우리가 찬송하므로 하나님의 이름이 거룩함을 받으신다. 우리는 예배 중에 찬송한다. 그리고 삶을 통해서도 찬송해야 한다. 왜냐하면 찬송이 감사의 극치가 되기 때문이다. 감사가 있는 곳에 불평이 있겠는가? 감사가 있는 곳에는 찬송이 있게 된다. 홍해를 건너 출애굽한 이스라엘은 감사하고 찬송했다. 하나님의 이름을 거룩하게 여기려면, 주신 은혜를 생각하고 감사하며 찬송하므로 그의 이름에 거룩함을 돌려드리자!

찬송은 믿음의 실제다. "내가 노래로 하나님의 이름을 찬송하며 감사함으로 하나님을 광대하시도다 하리니"(시 69:30)라는 말씀은 찬송이 믿음의 실제가 됨을 설명한다. 루터는 "누구든지 노래하지 않는다면 그것은 스스로 자신이 믿음 없음을 보여주는 것이다"라고 말하여 찬송은 믿음의 실제라는 것을 다시 한번 확인시켜 준다. 세상 슬픔 중에 있는 자 누가 춤을 출 수 있는가. 감사의 기쁨이 있는 자는 노래하게 되어 있다. 우리 또한 항상 감사의 찬송을 하나님께 드림으로 하나님의 이름에 거룩함을 돌리자.

찬송함으로 하나님을 자랑하자. 종교개혁자 마틴 루터가 지은 "내 주는 강한 성이요"는 그의 믿음을 고백한 찬송이나, 결과는 하나님을 자랑한 것이다. 찬양은 하나님을 자랑함으로 하나님의 이름을 거룩하게 여기는 것이다.

> 내 주는 강한 성이요 방패와 병기 되시니
> 큰 환란에서 우리를 구하여 내시리로다
> 옛 원수 마귀는 이때도 힘을 써
> 모략과 권세로 무기를 삼으니 천하에 누가 당하랴
>
> 내 힘만 의지할 때는 패할 수밖에 없도다
> 힘 있는 장수 나와서 날 대신하여 싸우네
> 이 장수 누군가 주 예수 그리스도 만군의 주로다

당할 자 누구랴 반드시 이기리로다
이 땅에 마귀 들끓어 우리를 삼키려 하나
겁내지 말고 섰거라 진리로 이기리로다
친척과 재물과 명예와 생명을 다 빼앗긴대도
진리는 살아서 그 나라 영원하리라

찬송은 두 손을 드는 것이다. 찬송에는 내려주신 은혜를 감사하며 드리는 찬송이 있고, 한편으로는 아직은 모르나 다가올 미래에 신실하신 하나님의 은혜를 기대하며 믿음으로 드리는 찬송이 있다. 우리가 찬송할 때에 손을 드는 것은 하나님을 경배하는 의미가 있고, 한편으로는 자신의 의지를 완전히 포기하고 하나님께만 의지하는 의미도 있다.

찬송가 "내 주여 뜻대로 행하게 하소서 온몸과 영혼을 다 주께 드리니"를 지은 독일인 목사 벤자민 슈몰크(1672-1737)는 부인과 함께 전도심방을 마친 후 집으로 돌아왔을 때, 두 아들과 함께 집이 불타 버리는 큰 재앙을 겪었다. 그러나 그는 슬픔을 뒤로하고 두 손을 들어 올려 기도하는 마음으로 이 찬송시를 작사하였다고 한다. 그는 자신의 모든 것을 내려놓고 하나님만을 의지하는 찬송시를 900편 이상 썼다고 한다. 그의 행위는 하나님만을 의지하며 그의 이름을 높여 거룩히 여김을 받게 하였다는데, 우리 모두 머리를 숙이게 된다. 찬송은 하나님이 하나님을 위해 준비하신 선물이다.

"이 백성은 내가 나를 위해 지었나니
나의 찬송을 부르게 하려 함이니라"(사 43:21).

하나님께서는 그의 자녀들을 고난과 역경에서 건져내어 소생시키시며 자기의 이름을 높여 찬양받기를 기뻐하는 분이시다. 그리고 그의 자녀들을 의의 길로 인도하신다. 구원 받은 자녀들의 할 일은 하나님을 높여 찬송하는 일이다. 그의 이름을 거룩히 여기는 것이다. 하나님의 놀라운 구속의 역사를 행하실 때 백성은 그 은혜에 감사하여 하나님을 찬송하지 않을 수가 없게 된다는 뜻으로, 찬송을 부르게 하려 함이라 말씀하신다.

그러므로 주기도문 서문에서처럼 하나님 아버지를 부른 후, 하나님의 이름에 거룩함이 돌려지도록 기도해야 한다, 실제로 하나님을 아버지라 부르며 찬송하는 일은 우리가 이 세상에서 시작하여 하늘나라에서도 계속하게 될 자녀들의 사명이다. 그러나 일용할 양식을 구하고 사죄를 구하며 시험에 들지 않기를 간구하는 기도는 우리가 세상 살아갈 동안에만 해당되는 기도문이다. 그러므로 하나님을 향한 감사의 찬송은 이 땅에서 시작하여 하나님의 나라에서까지 변함이 없는 우리의 찬양이 되어야 한다.

찬송은 믿음의 결과다. 찬양을 통하여 믿음이 생기는 일은 기대하지 말라. 그런 일은 절대로 없다. 존 칼뱅은 이렇게 말한다. "찬양은 하나님의 백성이 드릴 수 있는 최대의 헌신이며 찬양하는 사람의 진정한 믿음의 증거다." 우리에게 진정한 믿음이 있을 때 우리의 심령에서 나오는 노래가 찬양이다. 이때 하나님의 이름이 거룩함을 받게 되는 것이다. 찰스 스펄전도 이렇게 말한다. "우리가 하나님을 찬양한다는 것은 하나님 자녀 됨의 표시다."

셋째, 전도는 하나님의 이름을 거룩하게 하는 것이다.

예수께서 부활하신 후 하늘로 오르시기 전 제자들에게 "그러므로 너희는 가서 모든 민족으로 제자를 삼아 아버지와 아들과 성령의 이름으로 세례를 주고 내가 너희에게 분부한 모든 것을 가르쳐 지키게 하라 볼지어다 내가 세상 끝날까지 너희와 함께 있으리라 하시니라"(마 28:19-20).

예수께서는 하늘로 오르시기 전 모든 믿는 자녀들에게 복음 전도 사명을 주셨다. 그의 자녀들이 이 사명을 감당하여 복음을 전도할 때 하나님의 이름이 거룩함을 입게 되는 것이다.

"내가 비옵는 것은
이 사람들만 위함이 아니요
또 저희 말을 인하여
나를 믿는 사람들도 위함이니"(요 17:20).

특히 하나님께서 십자가의 고난을 받으시기 전 기도하실 때 제자들만이 아니라 제자들의 전도로 예수 믿는 자들을 위해서까지도 기도하셨다. 그러므로 우리가 전도하여 복음을 전하면 하나님의 이름을 거룩하게 하는 것이 된다.

넷째, 성부 하나님께 드리는 영광을 성자 예수께도 드려야 한다.
이 주장은 약간 생소한 주장이라고 생각할 수도 있다. 이 말은 내 말이 아니다. 성경의 말씀이고, 주장이다. 또 예수께서 직접 하신 말씀이다.

"아버지께서 죽은 자들을 일으켜 살리심같이
아들(예수)도 자기의 원하는 자들을
살리시느니라
아버지께서 아무도 심판하지 아니하시고
심판을 다 아들에게 맡기셨으니

이는 모든 사람으로
아버지를 공경하는 것같이
아들(예수)을 공경하게 하려 하심이라
아들(예수)을 공경치 아니하는 자는
그(예수)를 보내신 아버지를 공경치
아니하느니라"(요 5:21-23).

이 말씀은 예수께서 베데스다 연못가에서 38년 된 병자를 고치신 후 안식일에 병을 고쳤다는 이유로 비난 받으실 때, 대적하는 무리와 군중들을 향해 하신 말씀이다. 그 내용은 예수께서는 하나님의 아들이시며, 병 고치는 능력이 있는 하나님 되심을 설명하신 것이다. 하나님의 능력으로 죽은 자를 살리신 기록이 구약성경에서는 두 번 언급된다. 먼저는 엘리사가 수넴 여인의 아이를 살린 기록이며(왕하 4:32-35), 다음은 엘리야가 사렙다 과부의 아들을 살린 이야기다(왕상 17:22). 이처럼 예수께서도 나사로와 회당장 야이로의 아들을 살리신 기록이 있다.

그러므로 예수께도 영광을 돌려드려야 한다는 말씀이 맞다. 이제 신약성경에서 예수께서 말씀하신 "자기의 원하는 자들"이란 누구인가? 그들은 예수를 자신의 구원주 그리스도로 믿는 자들을 말한다. 곧 벌을 받아 영원히 지옥에서 살 수밖에 없는 사람을 살리시겠다는 말씀은 우리에게 가장 귀한 축복이다.

이와 같이 예수께서 심판주가 되셔서 그를 믿는 자는 영생으로 인도하시며 구원 받은 그의 자녀들은 그 아버지 하나님을 공경하는 것같이, 그(예수)를 공경하여야 한다고 말씀한다. 여기서 "공경하라"고 하시는데, 어떻게 하는 것이 성경에서 말하는 공경인지 찾아보자. 세상에서의 공경은 그 대상자를 좋은 집에 모셔서 편히 살게 하고 진수성찬으로 대접하면 최상의 공경이 되겠으나, 하나님의 아들 예수를 공경하는 것은 이와 다르다.

'공경'이라는 헬라어의 뜻은 '예배 드리는 것'이다. 그 대상을 존귀하게 여겨 영화롭게 하는 것, 그리고 경배하는 것이다. 이때 하나님의 이름이 거룩하게 여김을 받게 되는 것이다. 우리가 이런 공경 드리는 방법을 찾는다면, 헬라어 의미처럼 우리가 모여서 드리는 예배를 통하여 아들을 공경하는 것이다. 예배의 모든 과정을 통하여 하나님을 공경하는 것같이 아들 성자 예수를 공경함이 마땅하다.

이제 우리가 드리는 예배를 살펴보자. 예배는 혼자서 성경 말씀을 읽고 기도하며 개인적으로 드릴 수 있다. 그러나 대부분은 구별된 장소에서 정해진 시간에 여러 사람이 모여서 함께 드리는 예배를 택하고 있다. 이 예배를 통하여 아버지를 공경하는 것처럼 아들(예수)을 공경해야 한다. 곧 예수의 이름을 높이며 '찬송'해야 한다. 예수 이름으로 '기도'해야 한다. 예수의 '복음'이 선포되어야 한다.

이렇게 예배하지 않는 것은 예수를 우리에게 보내신 아버지 하나님을 공경하지 않는 것이라고 예수께서 친히 요한복음 5장 23절에서 말씀하고 있다. 우리 한국교회에서 예수의 이름으로 기도하지 않는 사람은 없다. 그러나 외국인교회에는 많다.

이제 교회에서 드리는 찬양과 말씀선포가 하나님을 공경하는 찬양과 선포가 되는가를 살피자. 먼저 찬송을 살펴보면, 성경에서 찬송에 사용된 악기는 뿔나팔 쇼파르(Shophar)와 소고가 전부다. 그 후 음악이 발달하므로 여러 가지 악기가 사용되어 왔다. 현대와는 다르게 찬송에서 멜로디는 별로 중요하지 않았다. 중요한 것은 가사, 곧 찬송시다.

여기서 매우 중요한 것은, 가사의 내용에 하나님 찬송이 있어야 한다. 한국인이 모두 알고 좋아하는 "아리랑"을 예배시간에 부르지 않는 이유는 그 가사 내용에 하나님 찬양이 없기 때문이다. 남북한 사람이 입을 모아 합창을 하는 "우리의 소원은 통일"도 예배시간에 부르는 일은 전혀 없다. 예수 찬양의 가사가 없기 때문이다. 그러면 우리가 예배시간에 드리는 찬양에는 예수를 찬양하는 찬송의 가사가 모두 들어 있는가? 아니다. 그렇지는 않다.

구약의 시편은 모두가 찬송시다. 그 가운데 예수를 암시하는 내용이 있으나(시 2, 16, 22, 24, 45, 72, 110편) 예수께서 세상에 오신 후에는 하나님께 예배드릴 때 모든 사람이 하나님 아버지를 공경하듯이 예수께도 영광을 돌리라고 예수께서 몸소 말씀하셨다(요 5:21-23).

우리가 사용하고 있는 찬송가를 살펴보자. 21C 찬송가(2011, 아가페)에는 한국인 작시 130곡 중에서 13%는 성자 예수를 언급하지 않는다. 또 복음성가에서도 마찬가지다. 경배와 찬양(2004, 지구촌교회)에 수록된 289곡 가운데 35%는 성자 예수를 언급하지 않는다. 물론 찬송가는 하나님의 사랑, 감사, 고백, 인정, 자복 등 여러 가지 내용이 포함될 수 있다. 이런 종류의 찬송은 복음 전도에 더 유용할 수 있으나, 예배 중에 드리는 찬송으로는 '미흡'하다. 예배를 통하여 영광을 받기 원하시는 분은 성부와 성자 하나님이시다.

십여 년 전 대구 도시철도에서 장애인이 철로에 추락하는 사고가 있었다. 그때 해병대 병장 최 모 씨가 위험에 처한 장애인을 구출한 미담이 있었다. 이에 대하여 LG그룹은 그에게 졸업 후 취업을 약속했고, 최 병장의 모교인 대구대학은 졸업까지 전액장학금을 약속했다. 이 사건을 보도하는 언론은 최 병장에 관하여 집중보도를 하여 그의 선량한 용기에 찬사를 보냈다. 그의 용감한 선행이 모든 사람들로부터 칭찬과 격려를 받는 것은 당연한 것으로 생각된다.

그런데 이 선량한 용기로 장애인을 구한 사건에서 최 병장의 이름을 빼 버린다면 이 사건을 보도할 이유가 없다. 왜냐하면 이 사건에서 가장 중요한 인물은 최 병장이기 때문이다. 만일 최 병장의 족보와 가족과 그의 선조들의 역사나 모든 좋은 것을 소개한다 해도, 아무도 그 이야기에 관심이 없을 것이다. 이처럼 우리가 드리는 예배에서 영광을 받으실 분이 성부와 성자가 되신다는 것을 잊어서는 안 된다.

찬양·찬송은 영적 섬김이다. "지식이나 원칙 혹은 습관은 지속성이 있으나 감정은 그 자체가 지속성이 없다"라고 루이스(C. S. Lewis)가 말했다. 우리가 이렇게 찬양할 때 생겨나는 감정의 변화는 지속성이 부족하므로 찬양의 대상인 예수께 집중할 때 영적 섬김을 지속할 수 있게 된다는 것이다. 그러므로 최 병장 사건에서나 루이스의 설명에서나 우리 심령이 흔들림 없이 구원주 예수 그리스도께 영광 돌려 예배하기를 원한다면, 예수의 이름을 부르며 그 이름을 높여 예배함이 마땅하다.

하나님의 뜻하심에 순종하여 우리 죄를 사하신 분은 예수 그리스도다. 그러므로 하나님 찬양과 더불어 예수 그리스도를 찬양함을 잊어서는 안 된다. 이 관계를 무시하고 지은 찬송시가 생각보다 많은 것은 우려할 일이다. 한편 그러한 찬송을 골라낼 수 없다면, 예배를 위해서는 찬송가(복음성가 포함) 선곡을 담당하는 이들이 그 찬송가에 예수께 드리는 찬송 가사가 포함되어 있는가를 살펴보는 것은 '마땅한 일'이다. 왜냐하면 찬송을 통한 영적 섬김을 놓쳐서는 안 되기 때문이다. 또한 예수께서 그렇게 하라고 하셨기 때문이다.

설교 말씀에서도 동일하다. 도시철도 사건을 보도하면서 최 병장의 조상과 그들의 이야기, 최 씨의 군대 이야기 그리고 그의 족보와 가문의 상벌 이야기만 한다면, 그 기사는 보도의 가치를 상실하게 된다. 모든 설교는 삼위일체 하나님의 이야기가 포함되어야 하며, 특히 교인들의 영혼 구원에 관심이 있는 설교자라면, 예수 그리스도의 '부르심'을 설교해야 한다.

다섯째, 우리를 위한 하나님의 거룩함이 무엇인가.

하나님께 거룩함을 드리는 것은 이해가 되나 우리를 위한 거룩함이란 궤변이 아닌가? 아니다. 이제 하나님께서 행하심을 보라.

"내가 애굽 사람들의 마음을 강퍅케 할 것인즉
그들이 그 뒤를 따라 들어갈 것이라
내가 바로와 그 모든 군대와 그 병거와
마병을 인하여 영광을 얻으리니"(출 14:17).

만일 우리가 하나님의 이름에 거룩함을 돌리지 아니할지라도 하나님은 세상 모든 일을 통하여서 영광 받으신다는 말씀이다. 어찌 바로의 행위가 하나님께 영광이 되겠는가? 그러나 하나님은 바로의 행위를 통하여 전능하심을 보이심으로 이스라엘이 하나님께 영광을 돌려 하나님의 이름이 거룩하심을 받게 하신다.

우리가 우리를 위하여 하나님께 영광을 돌린다는 말은 만일 우리가 하나님께 영광을 돌리지 않고 대적한다면 우리에게 어떤 일이 일어날지를 바로 왕을 통해서도 알 수 있다. 그리고 헤롯의 예를 보고서 배우자. "헤롯이 영광을 하나님께 돌리지 아니하는 고로 주의 사자가 곧 치니 충이 먹어 죽으니라"(행 12:23)고 설명하고 있다. 우리가 하나님께 영광을 올려드리는 것은 결국 우리 자신이 하나님의 축복을 받는 길이다.

하나님을 대적하는 자의 마지막이 밝히 보이는데 그 길은 따라갈 이유가 없다. 그러므로 하나님의 이름을 거룩히 여김은 복을 받는 일이다. 우리는 주기도문 둘째 줄에 있는 "하나님의 이름이 거룩히 여김을 받으시옵서"라고 진심으로 기도해야 한다.

지금까지 우리는 하나님의 이름을 거룩히 여길 때의 변화와 결과를 살펴보았다. 이렇게 하나님의 자녀로 삶을 마친다면, 그다음에 무엇이 우리를 기다리는지 살펴볼 차례다. 이에 관하여 사도 바울은 이렇게 설명하고 있다.

"오직 우리의 시민권은 하늘에 있는지라
거기로서 구원하는 자
곧 주 예수 그리스도를 기다리노니
그가 만물을 자기에게 복종케
하실 수 있는 자의 역사로 우리의 낮은 몸을
자기 영광의 몸의 형체와 같이
변케 하시리라"(빌 3:20-21).

빌립보교회 안에서 유대주의를 따르며 이방인 개종자들에게 유대주의를 강요하는 일로 문제가 생겼다. 이 문제에 관해 바울은 핍박을 받는 이들에게 "그대들의 시민권이 하늘에 있다"라고 말하며 어떻게 하늘나라에 갈 수 있는지를 설명하고 있다. 여기서 만물을 자기에게 복종시킬 수 있는 분은 하나님이시다.

예수를 자신의 구원주 그리스도로 믿는 자는 예수께서 인간의 모습으로 세상에 오셔서 영광의 모습으로 부활, 승천하신 것처럼 마지막 날에 그리스도와 같이 그 형체가 변하여 천국으로 가게 되는 것이다. 얼마나 귀한 말씀인가? 이것이 복음이다. 그러므로 우리는 하나님의 이름을 존귀하게 여겨서 찬송하기를 그치지 말아야 한다.

그러기 위해서는 먼저 하나님을 사랑해야 한다. 하나님은 자기를 사랑하는 사람을 존귀하게 여기신다. 둘째로는 하나님의 말씀을 더욱 가까이하여 학습해야 한다. 우리의 신앙은 알고 있는 것만큼 자란다. 셋째로는 하나님 말씀에 순종함이 거룩함을 이루는 것이다. 이스라엘이 출애굽한 후 모세가 시내산에 올라 백성에게 하나님께 순종함이 하나님의 이름을 거룩히 여김이라고 설교했다(출 19:4-6 참조). 그러므로 매순간마다 "하나님의 이름에 거룩함을 더하소서"라는 기도를 그치지 말자.

제2장

하나님의 나라가 임하옵시며
그의 뜻이 하늘에서 이루어진 것같이
땅에서도 이루어지다

하나님의 나라가 임하옵시며
그의 뜻이 하늘에서 이루어진 것같이
땅에서도 이루어지다

　　　　　　하나님 나라는 하나님이 통치하시는 나라다. 그 나라는 하늘에 있는 천국을 말하며, 이 세상에서는 하나님의 통치를 받는 나라가 된다. 그렇다면 이스라엘은 하늘나라일까? 그것은 아니다. 이제 하늘나라는 우리의 눈으로는 볼 수 있는 나라가 아니라는 결론을 얻게 된다. 예수께서는 하늘나라가 임하기를 기도하라 하셨는데, 우리는 하늘나라가 우리에게 임한 것을 어떻게 알 수 있을까? 과연 하늘나라는 존재하는 것일까? 우리는 의문이 많다. 이 질문에 관하여 세상 누구도 답을 줄 수 없다. 그러나 성경은 답을 준다.

　그러므로 우리는 하나님 나라의 실체를 의심 없이 믿어야 한다. 그 나라는 하나님이 통치하시는 나라로, 우리 삶이 하나님 통치 아래 있다면, 하나님께서 통치하시는 나라에 살고 있는 것이다. 하나님 나라는 그 나라에 살고 있는 사람을 통하여 볼 수 있다. 그러므로 우리의 삶에서 하늘나라가 보여져야 한다. 또한 다른 사람의 삶을 통해서도 하나님 나라를 볼 수 있다. 먼저 구약성경에서의 하늘나라에 관하여 살펴보자.

　"여호와의 다스리심이
　영원무궁하시도다 하였더라"(출 15:18).

출애굽기 15장은 애굽에서 종살이하던 이스라엘을 구원하신 하나님께 감사의 찬송을 드리는 모세의 노래다. 모세는 여호와께서 그의 힘이 되시며 노래가 되시고 구원이 되심을 노래한다. 신 중에는 주와 같은 이가 없으며 거룩하시고 영광스러우시며 찬송할 만한 위엄이 있어 이처럼 기이한 일을 행하실 분은 오직 하나님뿐이시라고 고백하며 찬송드린다. 곧 이스라엘을 통치하실 분은 하나님이심을 노래한다. 이것이 이스라엘이 생각하는 하나님 나라다. 그들은 이스라엘을 하나님의 통치를 받는 하나님 나라로 생각하였다.

그러나 이는 이스라엘의 생각이었다. 그들의 삶은 하나님이 원하시는 그의 백성된 삶이 아니었다. 잠시는 하나님을 섬겼으나 곧 우상을 섬겼고, 하나님께서 사사를 통하여 이스라엘을 다스리실 때 그들은 하나님의 뜻을 대적하여 자신들을 통치할 세상 왕을 원했다.

그 결과 사울과 다윗과 솔로몬을 통해 120년간의 통일왕국 시대를 이루었다. 솔로몬 이후 악한 왕 르호보암에 의해 BC 930년에 분열왕국이 시작되었다. 북 이스라엘은 앗수르에 의해 멸망하고 남 유다는 바벨론에 의해 멸망하여 포로로 끌려감으로써 이스라엘은 망하고 말았다. 그 후 70년간 포로생활을 마치고 예루살렘으로 돌아와 100여 년간 독립왕국을 형성했으나 다시 로마의 식민지로 살게 되었다. 그러므로 이스라엘은 하나님이 통치하시는 하나님 나라의 회복이 숙원이었다.

> "베들레헴 에브라다야
> 너는 유다 족속 중에 작을지라도
> 이스라엘을 다스릴 자가
> 네게서 내게로 나올 것이라
> 그의 근본은 상고에, 태초에니라……

그가 여호와의 능력과 그 하나님 여호와의
이름의 위엄을 의지하고 서서
그 떼에게 먹여서
그들로 안연히 거하게 할 것이라
이제 그가 창대하여 땅끝까지 미치리라"(미 5:2, 4).

이 말씀은 이스라엘 분열왕국 시대 양국 모두에게 주어졌으나 주로 남 유다를 위한 것이다. 이스라엘의 회복을 위하여 베들레헴에 태어나실 메시아에 관한 말씀이다. 선지자 미가는 BC 700년경에 예언을 통해 메시아가 베들레헴에서 태어나실 것이요, 그가 세상을 통치하게 되리라고 말하고 있다. 그때에 베들레헴은 아주 작은 마을이었다. 그런데 그곳에서 이스라엘을 다스릴 메시아가 태어나시게 되리라고 예언한 것이다. 메시아는 여호와의 이름을 의지하고 이스라엘 민족을 먹이고 평안히 살게 인도하는 왕을 말한다.

이 말씀은 이스라엘 민족이 기다리는 하나님 왕국의 회복을 기다리는 예언이었다. 700년이 지난 후 예수의 제자들이 기대하는 하나님 나라는 어떤 나라였을까? 그의 제자들이 기다리는 나라도 역시 이스라엘의 회복이었다. 당시 이스라엘은 로마의 식민지로 살고 있었다. 제자들의 소원도 로마의 통치로부터 해방되어 하나님의 통치를 받는 것이었다. 이스라엘은 왕정을 통하여 그들에게 필요한 왕은 이 세상의 왕이 아니라 하나님이 왕 되심을 깨달아야 했으며, 이 세상에 만민의 왕으로 오신 예수를 믿어야 했다. 그러나 아직도 그들은 깨닫지 못한 채 메시아를 기다리고 있다.

메시아는 세상에 태어나기 전부터 이스라엘을 다스리는 자로 예정되어 지도자로, 왕으로 보냄 받으신 분이며, 이스라엘뿐만 아니라, 온 인류를 위해 세상에 보냄 받으신 분이다. 그러므로 이스라엘 민족은 통일왕국 시대의 왕이 아닌 영원히 그들을 통치하실 메시아를 원했다. 마태는 이 과정을 그의 복음서에서 다루었는데, 마태복음을 통해 다윗의 자손 예수 탄생의 이야기를 쓰고 있다(마 1:19-2:11 참조). 하나님께서는 이스라엘만이 아니라, 온 인류를 통치하실 메시아를 창세전에 예정하시고 온 인류에게 보내주신 것이다(요 1:1-2). 즉 우리에게 하나님 나라가 임하는 것은 하나님께서 그 나라의 통치자로 보내신 예수를 자신의 구원주 그리스도로 믿고 나아갈 때, 우리 심령에 하늘나라가 임하는 것이다.

그렇다면 우리가 이 세상을 떠날 때는 어떻게 되는지 살펴보자. 신자는 죽는 즉시 하나님 품으로 간다. 그의 육체는 땅에 있으나, 영혼은 바로 천국으로 가게 된다.

이에 관한 확실한 대답은 누가복음에서 찾을 수 있다. 예수께서 십자가에 달려 죽으실 때 십자가 오른쪽 강도는 구원 받았다. "오늘 네가 나와 함께 낙원에 있으리라"(눅 23:43)고 말씀하여, 그가 구원 받아 하늘나라에 간 것을 확실하게 보여 주셨다. 이것보다 더 확실한 증거가 어디에 있겠는가?

이 일에 관하여 사도 바울도 확실히 "우리가 담대히 원하는 바는 차라리 몸을 떠나(죽어서) 주와 함께 거하는 그것이라"(고후 5:8)라고 말한다. 하나님의 자녀는 죽은 후 다른 곳으로 가지 않고 즉시 주가 거하시는 천국으로 간다는 것이다. 우리가 숨을 멈출 때 우리의 영혼은 하나님께로 가며, 예수께서 세상에 심판주로 오실 때 모든 믿는 자들의 육체는 살아나서 하늘나라로 가게 된다. 그러나 불신자들은 죽음과 동시에 지옥으로 내려가며 그들이 천국으로 갈 수 있는 방법은 아예 없다.

어떤 이들은 죽은 후에도 회개할 기회가 있다고 말한다. 그들은 잘 믿은 사람은 죽음 후 천국으로 가게 되나, 천국으로 가기에 모자라는 믿음의 소유자들은 다른 곳, 연옥에서 일정 기간 순화한 후 천국으로 간다고 한다. 이 교리는 사실이 아니다. 우리가 믿는 성경에는 없는, 교회 지도자가 지어낸 가설이다. 우리가 이 세상 사는 동안 하나님의 말씀에 순종하여 예수를 자신의 구세주 그리스도로 믿어야만 천국에 갈 수 있다. 그 일을 성경은 이렇게 설명하고 있다.

"불러 가로되 아버지 아브라함이여
나를 긍휼히 여기사 나사로를 보내어
그 손가락 끝에 물을 찍어 내 혀를 서늘하게
하소서 내가 이 불꽃 가운데서 고민하나이다……
너희와 우리 사이에 큰 구렁이 끼어 있어
여기서 너희에게 건너가고자 하되 할 수 없고
거기서 우리에게 건너 올 수도
없게 하였느니라"(눅 16:24, 26).

이제 다시 하나님 나라에 산다는 것은 어떻게 사는 것인지를 살펴보도록 하자. 예수의 제자들은 모두 유대인으로서 하나님 나라가 회복되어 이스라엘이 로마제국의 식민지로부터 독립하여 하나님이 통치하시는 나라에 살기를 원했던 사람들이다. 그런데 갑자기 세례 요한은 다른 말을 하고 있는 것처럼 보인다.

"일곱째 천사가 나팔을 불매
하늘에 큰 음성들이 나서 가로되
세상 나라가 우리 주와
그 그리스도의 나라가 되어
그가 세세토록 왕 노릇 하시리로다 하니"(계 11:15).

예수의 제자들은 마음에 이스라엘의 회복을 바라기는 하였지만, 그들의 기대는 성경적이지는 못했다. 왜냐하면 그들은 누구 하나 지지 않고 예수께서 이스라엘을 회복하시면 누가 더 큰 자인가 하며 서로 변론하였기 때문이다(눅 9:46). 그런데 갑자기 하나님과 그리스도가 세상 나라의 왕이 되실 것이며, 그리스도께서 세세토록 왕 노릇 하신다니 웬 말인가? 이는 진실이다.

이 말씀을 쓰고 있는 사도 요한도 지상에서 하나님 나라의 실현을 강조하고 있다. 곧 이 세상 나라가 우리 하나님과 그리스도의 통치 아래 있는 나라가 되었다는 말이다. 그러므로 우리가 하나님의 말씀대로 세상을 살 때 하늘나라가 우리에게 임하게 되는 것이다.

세례 요한도 광야에서 복음을 선포할 때, 회개하라 천국(하나님의 나라)이 가까이 있다(마 3:1-2)고 하여 하나님 나라를 선포하고 있다. 또 예수께서도 온 갈릴리를 두루 다니시며 회당에서 가르치실 때 천국 복음을 전파하시며, 백성 중의 질병과 모든 약한 것을 고치셨다고 마태는 기록하고 있다. 또 마가도 세례 요한이 잡힌 후 예수께서 갈릴리에 오셔서 하나님의 복음(다른 사본에는 천국 복음)을 전파하며 이렇게 이르셨다고 하였다.

"때가 찼고 하나님 나라가
가까왔으니
회개하고 복음을 믿으라"(막 1:15).

이 말씀을 전하시는 이는 예수 그리스도다. 하나님의 나라는 예수께서 직접 언급하시는, 그리고 우리 모두가 믿어야 하는 하나님이 통치하시는 나라다.

그러므로 우리는 하나님의 나라가 우리 가운데 임하기를 기도해야 한다. 그렇다면 무엇을 어떻게 믿어야 하는가? 우리는 어떤 사실이나 주장에 관하여 확실한 설명과 그것에 대한 이해가 없으면 신뢰하지 못하는 경향이 있다. 그래서 하나님의 나라에 관하여 예수께서 확실하게 설명하신다.

하나님의 나라가 가까이 있다

"어느 동네에 들어가든지 너희를 영접하거든
너희 앞에 차려놓은 것을 먹고
거기 있는 병자를 고치고 또 말하기를
하나님의 나라가 너희에게 가까이 왔다 하라
어느 동네에 들어가든지 너희를 영접지 아니하거든
그 거리로 나와서 말하되
너희 동네에서 우리 발에 묻은 먼지도
너희에게 떨어버리노라
그러나 하나님의 나라가 가까이 온 줄을 알라 하라"(눅 10:8-11).

이 말씀은 예수께서 70인의 제자들을 세상으로 보내시며 제자들에게 당부하신 말씀이다. 예수께서는 복음을 받아들이는 자에게나 거부하는 자에게나 공히 "하늘나라가 가까이 온 줄을 알라"라고 말씀하셨다. 여기서 우리는 의문이 생긴다. 하나님의 말씀을 받아들이며 감사하는 이들에게 복음의 소식을 전하는 것은 이해하겠으나, 복음을 거부하는 자들에게도 같은 말씀을 하는 것은 무엇을 의미하는 것일까? 그렇다면 예수께서 실수하신 것인가? 그것은 아니다.

우리는 예수께서 전하고자 하시는 그의 마음을 읽어야 한다. 예수께서 복음을 받아들이는 자에게나 거부하는 자에게 동일하게 전하시는 말씀 "하늘나라가 가까이 왔느니라"는 하나님의 부르심이다. 오늘도 하나님은 우리를 부르시고 있다. 세상을 창조하시며 여섯째 날에 인간을 창조하신 하나님은 인간을 보고 마음이 심히 좋았다고 말씀하셨다(창 1:31). 처음에는 그의 뜻대로 영원히 사는 인간을 지으셨으나, 인간의 불순종은 죄가 되어 죽음이 찾아왔다.

그럼에도 하나님은 모든 인간을 사랑하셔서 다시 구원하실 계획을 세우시고 예수를 통하여 이루셨다. 이 역사가 하나님의 마음이다. 그러므로 하나님 나라의 백성으로 세상을 산다는 것은 하나님이 보내신 그리스도를 자신의 구원주로 믿고 사는 것이다. 더 나아가서 하나님의 백성으로 살아가기 위해서는 그리스도의 지체로서 살아가야 한다. 그것이 성화의 삶이며 바른 신앙생활이다.

이제 '성화'의 삶을 다시 살펴보자. 먼저 부르심에 응답하여 거듭나면 하나님께서는 새로 태어난 사람으로 인정해 주셔서 하나님의 자녀로 삼아주신다. 그리고 하나님 나라의 평화와 기쁨을 누리게 하신다. 이렇게 살아가는 것이 성화의 삶이다. 하나님의 나라에서 살기를 원하는 사람은 그 마음속에 창세전에 예정하신 '하나님의 구속사'가 예수 그리스도를 통하여 이루어진다는 진리를 마음속에 받아들일 때, 하나님의 나라가 임하는 것이다. 그러므로 우리는 '하나님의 나라가 내게 임하시기를' 항상 기도해야 한다.

하나님께서 죄 없는 거룩한 인간으로 인정해 주시는 것을 중생이라고 부른다. 그리고 거듭난 후부터 세상을 마치는 그 날까지 하나님과 동행하며 살아가는 신앙생활을 성화의 생활이라고 한다. 한 개인의 삶이 하나님 앞에서 거룩한 삶을 이어갈 때, '하나님의 거룩하신 뜻, 곧 죄인을 구원하시는 뜻'이 이 세상에서 이루어지는 것이다. 즉 하늘에서와 같이 이 땅에 하나님의 나라가 임하는 것이다. 이제 구체적으로 우리가 무엇을 해야 하는지 알아보자.

성화는 한 사람이 거듭나는 순간부터 시작된다. 거듭나는 일은 선포되는 말씀을 듣고, 그 듣는 개인의 마음속에 선포된 말씀이 진실로 믿어지고 그 순간 자신의 죄를 깨닫고 하나님께로 나아가게 되는 것이다. 이때에 선포된 말씀이 '부르심'이다. 이 말씀은 성경 말씀의 내용이 될 수 있고, 그 말씀으로 인하여 베풀어지는 기사와 이적이 될 수도 있다.

방법은 여러 가지나 그 역사를 주관하시는 분은 '성령 하나님'이시다. 이 부르심은 삼위일체 하나님의 사역이며 하나님 아버지께서는 아들 예수를 통하여 역사하신다. 또 세상의 사물과 사건을 통해서도 부르신다. 온 우주를 지으신 창조사역과 기사와 이적이 그것이다. 이렇게 하나님의 부르심에 응답하는 것이 성화의 첫 단계가 된다. 어느 누구도 부르심에 응답 없이는 성화의 삶을 시작할 수 없다.

"거룩함을 좇으라
이것이 없이는 아무도
주를 보지 못하리라"(히 12:14).

성화는 매일매일 거룩해지는 것이다. 하나님을 닮아가는 것이다. 거룩을 더하는 것이다. 여기서 히브리서 기자는 거룩함을 강조하고 있다. 거룩한 척하며 사는 사람은 하나님을 볼 수 없다는 말씀이다. 우리는 우리 자신을 알고 있다. 자신이 하나님의 부르심에 응답하여 거듭난 사람이 아니라면, 거듭난 척하며 사는 사람이다. 이런 사람은 하나님을 볼 수 없다고 말한다. 스스로 어느 편에 속한 사람인가 자신을 살펴보라!

하나님은 원래 거룩하신 분이다. 부정함과 부패가 없으신 분이다.

완전하시고 흠이나 티도 없으신 분이다. 그러므로 하나님은 세상 모든 것과 분리되어 있으시며 세상과 섞여질 수도 없는 거룩하신 분이시다. 구약 시대의 거룩은 하나님을 위하여 따로 구별하여 드리고 사용하는 물건과 가구와 그리고 봉사하는 사람들이었다. 이스라엘이 지키는 절기들도 거룩한 것이었다. 이렇게 구별하여 하나님께 거룩함을 올려드렸는데, 예수께서 성육신하여 세상에 오신 후 율법 요구의 완성(마 5:17)을 선포하심으로 거룩함은 '예수를 그리스도로 믿는 것'이 되었다.

예수를 자신의 구원주로 믿음으로, 거룩함을 이루는 성화의 삶이 시작되는 것이다. 이 과정 없이 거룩하게 살고 있다고 생각한다면, 그는 복음을 아직도 이해하지 못하였거나, 자신을 속이고 거룩한 사람처럼 보이도록 행동하고 있는 사람이다. 그러나 하나님은 알고 계신다. 그리고 자신도 알고 있다. 그렇게 행할지라도 그가 마지막 세상을 떠나기 전에는 회개해야 한다. 그리고 예수를 자신의 구원주 그리스도로 만나야만 한다.

이제 성화는 어떤 과정을 통하여 이루어지는지 살펴보자.

"우리를 구원하시되 우리의 행한 바
의로운 행위로 말미암지 아니하고
오직 그의 긍휼하심을 좇아
중생의 씻음과 성령의 새롭게
하심으로 하셨나니"(딛 3:5).

이 말씀은 바울이 그의 헬라인 개종자 디도에게 보낸 편지로, 믿는 자의 구원은 개인의 행위에 있지 아니하고 예수를 구원주로 믿는 믿음에 있음을 강조하여 쓴 글이다. 죄인이 그리스도를 영접할 때 하나님의 사랑이 그를 거듭난 사람으로 인도하셔서 새 생명을 얻게 하시며, 거룩한 성도가 되게 하신다는 것이다. 그리고 이 모든 일을 "성령께서 새롭게 하신다"고 말한다.

이때 성도의 선행은 취사선택의 대상이 아니다. 거듭난 성도가 마땅히 하나님께 드려야 할 감사의 열매다. 그러므로 성도의 선행은 구원에 대한 공로가 아니며 수단도 아니다. 오직 성도가 그리스도와 연합할 때 보여지는 열매다. "나는 포도나무요 너희는 가지니 저가 내 안에, 내가 저 안에 있으면 이 사람은 과실을 많이 맺나니 나를 떠나서는 너희가 아무것도 할 수 없음이라"(요 15:5)란 말씀처럼, 예수를 자신의 그리스도로 만난 사람은 선행으로 하나님께 영광을 돌려야 한다.

부르심에 응답하여 거듭난 사람은 어떤 선한 행위로 하나님의 은혜에 보답해야 하는지 고민할 필요가 없다. 성화는 도덕적 생각과 행동에 깊이 관련이 있어 모든 사악한 생각과 행위들로부터 멀어지게 하기 때문이다. 거듭난 새 생명으로부터 시작된 거룩한 삶에서 보여지는 선행을 성화의 열매라고 한다. 포도나무 되신 그리스도와 연합해 열매 맺는 선행이 바로 예수께서 원하시는 성화의 열매다. 이제 우리는 이러한 열매를 위하여 무엇을 해야 하는지 찾아보자.

"가로되 예수여
당신의 나라에 임하실 때
나를 생각하소서 하니 예수께서 이르시되
내가 진실로 네게 이르노니
오늘 네가 나와 함께 낙원에 있으리라 하시니라"(눅 23:42-43).

이 말씀은 예수께서 십자가에 못 박히실 때 오른편 강도와 나눈 말씀이다. 왼편 강도는 예수를 조롱하며 저주를 퍼부었으나, 오른편 강도는 예수를 비난하는 왼편 강도를 꾸짖어 이 사람이 행한 것에 옳지 않은 것이 없느니라(눅 23:41)고 말했다. 예수를 하나님 나라의 통치자인 하나님으로 고백할 때, 예수께서는 오른편 강도에게 낙원(천국)에서 살게 될 것을 허락하셨다.

여기서 우리는 두 가지 사실을 발견하게 된다. 왼편 강도는 네가 그리스도라면 너와 우리를 구원해 보라(눅 23:39) 말하며, 예수가 구원주 되심을 믿지 못하고 비난했다. 예수를 자신의 구원주로 믿지 않거나, 믿지 못하는 사람의 대표자가 왼편 강도다. 그는 구원 받지 못하고 지옥으로 갔다. 다음은 오른편 강도를 살펴보자.

그는 세상에서 잘한 것은 없는 사람이 분명하다. 십자가 형을 선고받은 행악자이다. 그저 예수를 하늘나라의 임금, 통치자, 하나님으로 믿고 고백한 것뿐이다. 그런데 예수와 함께 낙원에 살게 된 것이다(눅 23:42-43). 여기서 우리는 왼편 강도에 관하여는 별로 따져 볼 만한 것이 없다. 예수를 부정하고 비난하는 것은 당연히 징계의 대상이다.

여기에 아주 큰 반전이 있다. 오른편 강도의 마음속에 일점의 의심이나 의혹도 전혀 없이 예수를 구원의 주 그리스도로 믿었다는 사실이다. 만일 입과 행위로만 믿는 척 했다면 결과는 왼편 강도와 전혀 다름이 없었을 것이다. 왜냐하면 하나님은 우리의 심령 깊은 곳까지 감찰하시는 분이시기 때문이다.

여기서 오른편 강도의 마음을 살펴보자. 어떻게 예수를 믿는 마음이 그의 심령에 생기게 되었을까? 십자가에 달리기 전에 제자들의 전도를 받은 일이 있는 사람인가? 아니라면 평소에 복음에 관하여 관심이 있었던 사람일까? 우리는 여러 가지 생각을 하면서 참으로 궁금해 한다. 사도 바울은 이런 의문에 이렇게 답하고 있다.

"너희 안에서 행하시는 이는
하나님이시니
자기의 기쁘신 뜻을 위하여
너희로 소원을 두고 행하게 하시나니"(빌 2:13).

사도 바울이 빌립보교회 교인들에게 그리스도의 마음을 가슴에 품고 생활하기를 원하여 가르친 말이 이 말씀이다. 아주 중요한 말씀이다. 잘 생각하며 살펴보자. '한 개인의 심령 안에서 역사하시는 하나님은 하나님의 선한 목적을 위하여 한 개인의 의지와 행동을 결정하도록 인도하신다'는 말씀이다. 결국 오른편의 강도가 예수를 구원주로 믿게 하신 것은 '하나님께서 허락하셔서' 그 결과가 이루어진 것이다. 참으로 신비롭지 않는가? 우리는 오른편 강도가 하나님과의 관계가 어떠했는가는 알 수 없다. 다만 하나님의 역사가 그를 통하여 일어났다는 사실이다.

여기서 오른편 강도와 예수의 관계를 생각해 보자. 그가 예수를 만나지 못했다면 역사는 없었다. 예수를 만날 때, 그는 자신이 죽은 후 지옥 갈 것을 생각하게 되었다. 어려운 순간이 닥칠 때 도움을 요청한 것이다. 그리고 구원주를 만난 것이다. 우리도 우리의 삶 속에서 어려움을 만나면 구원해 주실 분을 찾아야 한다. 이렇게 예수께로 나갈 때 '우리의 의지와 행동을 하나님의 선한 목적에 맞도록 인도'하시며 결국 구원 받게 하신다는 것이다. 우리의 선한 행동이 우리 공로가 되는 것일지, 아니면 당연한 은혜의 열매일지 생각해 보자.

"명한대로 하였다고 종에게 사례하겠느냐
이와 같이 너희도 명령 받은 것을 행한 후에

이르기를 우리는 무익한 종이라
우리의 하여야 할 일을 한 것뿐이라 할지니라"(눅 17:9-10).

거듭난 자가 이렇게 하나님의 은혜에 감사하여 행한 것을 선행이라 부른다. 이렇게 사는 것이 성화의 삶이다. 성화를 어렵게 생각하지 말라. 하나님이 주신 대로 감사하며 세상을 살아갈 때, 본인도 느끼고 알며, 다른 사람들도 전과 달라진, 선하게 보이는 당신의 행동을 보게 된다. 이처럼 성화는 가시적이다.

신자의 선행은 선택이 아니라, 하나님께서 인도하시는 의무가 된다. 우리는 의무라고 하면 부담을 느끼지만, 이것은 하나님 은혜를 감사하여 드리는 신자의 반응이며 성화의 삶이다. 예수를 믿음으로 거저 받은 은혜에 대하여 사도 바울은 이렇게 설명하고 있다.

"너희가 그 은혜를 인하여
믿음으로 말미암아 구원을 얻었나니
이것이 너희에게서 난 것이 아니요
하나님의 선물이라"(엡 2:8).

"하나님이 우리를 구원하사 거룩하신 부르심으로
부르심은 우리의 행위대로 하심이 아니요
오직 자기의 뜻과 영원한 때 전부터
그리스도 예수 안에서 우리에게 주신
은혜대로 하심이라"(딤후 1:9).

"그러나 나의 나 된 것은 하나님의 은혜대로 된 것이니
내게 주신 그의 은혜가 헛되지 아니하여

내가 모든 사도보다 더 많이 수고하였으나
내가 아니요 오직 나와 함께하신
하나님의 은혜로라"(고전 15:10).

이와 같이 사도 바울은 예수를 자신의 구원주 그리스도로 믿고 성화의 삶을 살아가는 이들이 하나님의 은혜와 그의 긍휼하심으로 세상을 살고 있음을 설명하고 있다.

"그러므로 내 형제들아 너희도 그리스도의 몸으로
말미암아 율법에 대하여 죽임을 당하였으니
이는 다른 이 곧 죽으신 자 가운데서
살아나신 이(예수)에게 가서 우리로
하나님을 위하여 열매를 맺히게 하려 함이니라"(롬 7:4).

바울은 이 말씀을 로마서 7장 2절부터 남편과 아내 사이의 관계로 설명한다. 남편 있는 여인은 남편이 살아 있는 동안에는 법으로 남편에 매인 바 되나, 남편이 죽은 후에는 그 법으로부터 자유함을 받아 다른 남자와 혼인할 수 있음을 설명하면서 유대인이 율법으로 말미암은 죽음으로부터 해방되어 예수 그리스도와 새로이 형성되는 관계를 설명한다.

곧 예수를 자신의 구원주로 믿는 사람은 죽음에서 부활하신 그리스도에게로 나아가서 하나님을 위해 열매 맺는 삶을 살게 하신다는 것이다. 이 관계를 칼뱅은 "하나님을 위해 맺는 열매는 하나님께서 요구하시는 거룩과 의다"라고 말한다. 성도가 그리스도와 연합하여 거룩의 열매를 맺는 것은 성도 자신이 하나님의 의를 얻게 되며, 나아가서는 자신이 거룩해지는 것이다.

이와 같이 성화가 찾아오는 경로를 말씀이나 성례 등 여러 가지로 설명하나, 사람의 마음을 움직이는 것은 하나님의 '부르심'이다. 말씀을 통하여 부르시고, 성례를 통하여 부르시고, 시험이나 고난을 통하여 부르시는, 그 부르심에 응답하여 거듭난 새 생명을 얻게 될 때, 우리는 거룩해지는 성화의 삶으로 나아가게 되는 것이다.

성화의 삶은 우리를 어떻게 변화시키는가

성화의 삶이 시작되면 우리에게 찾아오는 변화는 무엇인가? 어떻게 그 변화를 감지할 수 있는지 찾아보자. 무엇보다 먼저 예수가 자신의 구원주가 되심을 의심 없이 믿는 것으로부터 시작된다. 성화의 삶이 시작될 때 우리는 자신이 죄 많은 사람이라는 것을 인식하게 된다. 사도 요한은 "만일 우리가 죄 없다 하면 스스로 속이고 또 진리가 우리 속에 있지 아니할 것이요"(요일 1:8)라고 말한다.

하나님의 말씀을 깨닫지 못했을 때는 자신의 의지대로 모든 일을 생각하고 결정하여 행동했으나, 예수를 믿고 난 후에는 자신을 돌아보며 부족함을 느끼고 생각과 결정을 하나님의 자녀로서 행하게 된다. 이러므로 자신이 죄인 됨을 생각하며 살게 된다.

이때 하나님 은혜에 감사하여 행하는 일은 선행이 된다. 세상에 잘 보이려는 행동이 아니라, 구원하심에 대한 감사는 우리의 선행으로 표현된다. 그리고 모든 일을 하나님께 의존하게 된다. 이 말은 우리 자신이 손발 묶고 앉아 있는 것을 의미하지 않는다. 세상사 모든 일을 하나님의 뜻을 따라 행한다는 의미다.

우리는 과연 하나님의 양자된 자녀로 세상을 살고 있는가? 아니라면 성실한 교회의 멤버로만 살고 있는지에 대해 스스로 헤아려보아야 한다. 만일 자신이 성실한 교회의 멤버로만 살고 있다면, 지금이 심각하게 고민할 때다. 왜냐하면 우리는 내일 일을 모르고 사는 존재이기 때문이다. 성화의 삶은 우리의 선택이 아니라 의무다.

"너희 중에 이와 같은 자들이 있더니
주 예수 그리스도의 이름과
우리 하나님의 성령 안에서
씻음과 거룩함과 의롭다
하심을 얻었느니라"(고전 6:11).

이 말씀은 사도 바울이 에베소에서 고린도교회에 보낸 첫 번째 편지로 우상숭배와 성적 부도덕함을 바로잡기 위하여 보낸 편지다. 더하여 성도 간의 소송과 속이는 일과 미혹하며 음란을 행하는 일, 우상숭배, 남색, 도적질, 술 취함, 후욕, 토색, 이 모든 죄악을 책망하고 있다. 고린도교회에 이런 자들이 있다는 것 때문에 "너희 중에 이와 같은 자들이 있더니"로 말씀을 시작하고 있다.

이와 같은 불법이 고린도교회만의 문제겠는가? 우리가 살고 있는 이 시대에도 우리가 보고, 알고 있는 불법과 같은 모습이다. 사도 바울은 애타는 마음으로 고린도교회 교인들에게 죄를 씻음 받고 거룩하게 성화의 삶을 살도록 권면한 것이다. 모든 불의와 죄악 속에 사는 그들에게 "그러므로" 주 예수 그리스도를 구원주로 믿고 나아올 때, 그들의 모든 죄를 깨끗하게 하여 주시며 거룩함과 의롭다 하심을 얻게 하시는 예수께 나오라는 말씀이다.

이 말씀을 다시 살피자. 부패하고 불법을 행하는 고린도교회 교인들이 벌을 받아 죽은 자가 많다는 말은 성경에 없다. 하나님의 은혜로 잘 살았다. 그러나 그들은 복음을 믿어야 했다. 우리는 오늘만을 사는 사람들이 아니다. 멀리 죽음 후 하늘나라를 생각하고 사는 사람들이다. 예수 믿지 않고 사는 사람의 끝을 보라. 가룟 유다를 보라. 하나님께서는 가룟 유다에게 전대까지는 허락하셨지만 성령은 허락하지 않으셨다. 그는 세상에서 열두 제자 중 한 명으로 신임을 얻고 잘 사는 것 같았으나, 결국 지옥에 갔다. 우리는 거듭나서 구원 얻은 기쁨으로 세상을 살아야 한다.

사도 바울은 이 복음을 설명하기 전, 고린도교회의 죄악을 일일이 설명하고 있다. 우리는 바울이 설명하지 않는다 해도 우리의 많은 죄를 알고 있다. 자신이 죄인임을 깨달을 때, 은혜를 더욱 실감하게 된다. 그러므로 사도 바울은 "죄가 더한 곳에 은혜가 더욱 넘쳤나니"(롬 5:20)라고 말한다. 이 과정이 하나님의 부르심에 응답하여 새로운 사람으로 다시 태어나는 것이다.

이는 좋은 성경 강의를 듣고 감동적인 설교를 듣는다고 일어나는 사건이 아니다. 성경 지식이 뛰어나서 얻을 수 있는 것이라면, 니고데모가 예수를 찾아갈 이유가 있었겠는가? 니고데모가 밤에 예수를 찾은 이유는 영생 얻는 길을 알고자 함이다. 그때 예수께서는 "거듭나라"고 부르셨다. 지금도 예수께서는 "거듭나라" 하며 우리를 부르신다.

이 일은 어려운 문제가 아니다. 문제는 믿음 없는 것이 문제다. 예수께서 세상에 오셔서 삼 년 동안 전도하시며 복음을 선포하셨는데, 유대인들은 예수를 받아들이지 않고 십자가에 못 박아 죽였다. 우리가 구원받아 천국에 갈 것인가, 아니면 지옥으로 가서 영원히 고생하며 살 것인가는 선악의 문제가 아니다. 예수를 나의 죄를 사하신 구주로 믿는가 아니면, 훌륭한 종교지도자로 믿는가에 달려 있다.

예수께서는 그들이 예수를 믿지 않을 때 "너희가 성경에서 영생을 얻는 줄 생각하고 성경을 상고하거니와 이 성경이 곧 내게 대하여 증거하는 것이로다 그러나 너희가 영생을 얻기 위하여 내게 오기를 원하지 아니하는도다"(요 5:39-40)라고 하셨다. 얼마나 답답하셨으면 예수께서 유대인들을 향하여 이렇게 말씀하셨을까? 여기서 말씀하는 성경은 구약성경이다. 말씀대로 행하며 산다고 했지만, 그 말씀이 전하는 메시아를 거부한 자들이 유대인들이며, 그들은 예수를 죽였다. 그리고 많은 유대인들은 지금도 예수를 메시아로 믿지 못하고 메시아를 기다리며 살고 있다. 결국은 천국에서 영원히 살게 될 영생은 예수를 자신의 구원주 그리스도로 믿은 자만이 얻게 되는 것이다. 예수께서 영생하는 방법을 이렇게 알려주신다.

"예수께서 대답하시되
진실로 진실로 네게 이르노니
사람이 물과 성령으로 거듭나지 아니하면
하나님 나라에 들어갈 수 없느니라"(요 3:5).

이 말씀은 예수께서 니고데모에게 하신 말씀이다. 니고데모는 다른 유대 지도자처럼 예수께 적대적인 사람은 아니었다. 예수께서 유대인들에 의해 고소를 당할 때 예수를 약간 변론했으며(요 7:51), 예수의 시체에 향유를 바르려 한 사람이다(요 19:39 참조). 니고데모가 예수를 찾아온 이유는 개인적인 호감이 아니다. 죽은 후, 영혼 구원에 대한 심각하고도 절실한 질문 때문이었다.

이 질문에 예수께서 주신 답이 "물과 성령으로 거듭나라"이다. 물은 세례를 뜻한다. 세례 요한이 요단강에서 세례를 베풀 때 예수께서도 그에게 가서 세례를 받으셨다. 세례는 영을 새롭게 하는 의식이다. 지금 우리가 베풀고 받는 세례도 이와 같다. 그러나 세례의식이 구원 받는 데 절대 필수요소라고는 할 수 없으나, 우리의 영이 새롭게 된 후에 받는 것은 확실하다. 성경에는 세례를 받지 않은 채 구원 받은 십자가상의 오른편 강도도 있다. 그러나 여기서 예수의 말씀은 예수를 믿으려 하는 자가 신앙을 고백하는 적절한 의식으로 이해할 수 있다. 이 말씀을 무시해서는 안된다. 이 예식은 성령을 통하여 거듭나는 과정이 되어야 한다. 성령의 역사는 하나님께서 계획하신 대로 이루어진다.

여기서 "진실로 진실로"를 두 번씩이나 강조하신 것은 매우 중요한 말씀을 전하시려는 의지 때문이다. 여기서 물과 성령으로 거듭나라는 말씀이 나온다. 물은 세례를 의미한다. 그렇다면 세례 없이는 구원이 없는 것일까? 꼭 그렇게 생각할 필요는 없다. 세례받은 적 없는 십자가상 오른편 강도의 구원을 설명할 수가 없기 때문이다.

이 말씀을 쉽게 이해하자면, 물과 성령으로 거듭난다는 것은 예수를 그리스도로 믿고 구원 받은 사람들에게 세례를 베풀 때, 그리고 교회공동체의 일원이 될 때, 그들은 물과 성령으로 거듭난 사람이 된다는 것이다. 또 세례의식이 신앙을 고백하는 적절한 의식이 되었기 때문이다. 세례는 우리 눈에 보이는 의식이나 마음속에 보이지 않는 심령의 변화는 성령의 감동이 없이는 결코 일어날 수 없으므로 성령의 역사를 강조하셨다. 그러므로 물과 성령으로 거듭난다는 것은 죄를 씻고 성령의 인치심을 받은 것으로 이해하면 된다.

"모세가 광야에서 뱀을 든 것같이
인자(예수)도 들려야 하리니
이는 저(예수)를 믿는 자마다
영생을 얻게 하려 하심이니라"(요 3:14-15).

"하나님이 세상을 이처럼 사랑하사
독생자(예수)를 주셨으니

이는 저(예수)를 믿는 자마다 멸망치 않고
영생을 얻게 하려 하심이니라"(요 3:16).

이스라엘이 불뱀에 물려 죽게 되었을 때 모세가 만든 놋뱀을 바라봄으로 죽음을 면하게 된 것처럼(민 21:8) 하나님의 복음을 믿음으로, 즉 십자가에 달리신 예수를 바라볼 때 영생을 얻게 된다는 말씀이다. 이렇게 복음을 받아들인 후 성화의 삶을 살게 될 때 우리에게 어떤 변화가 찾아오는지 살펴보자.

성화는 부분적으로 우리의 잠재의식 속에서 우리의 의지가 아닌 성령의 역사로 시작된다. 전과 달라진 우리 생각과 행동이 무의식중에 이루어지는 것은 절대 아니다. 의식 가운데서 생각과 행동은 달라진다. 즉 하나님 말씀의 실천으로, 기도로, 신앙의 지속적인 결단으로 일어나게 된다. 그 생각과 행동은 성령의 인도하심으로 발생되어 유지하게 된다. 잠재의식이나 우리가 알고 있는 성경 지식이나 하나님께 간구하는 기도를 통해서 성화의 삶은 계속된다. 그리고 이 변화의 주체는 인간이 아니라 하나님이시다.

성화는 하나님을 두려워하며 거룩함을 이룰 때 영과 육이 깨끗함을 입게 되며, 삶이 아름답게 변해가는 것이다(고후 7:1 참조). 이 과정은 우리가 사는 이 세상에서 결코 완성될 수 없다. 왜냐하면 거듭난 성도의 삶에도 항상 시험과 실족이 찾아오기 때문이다. 그러므로 더이상은 죄 범할 기회가 없을 때, 곧 죽는 날에서야 성화의 삶은 완성되어, 그 영혼이 하나님의 품으로 안기게 되는 것이다.

이 상태를 성경은 시온산과 하나님의 도성인 하늘의 예루살렘에서 하나님과 온전케 된 의인의 영들과 살게 된다(히 12:22-23 참조)고 말한다. 또 요한계시록에서는 "흠이 없는 자들"이라고 칭하여 성화의 삶을 잘 이룬 자들에게는 하나님의 상급이 보장됨을 잘 설명하고 있다. 그러나 우리가 신앙생활을 거짓으로 하였거나 가증스런 일을 행한 자들은 결코 하늘나라에 들어가지 못하리라는 엄중한 경고도 함께하고 있다(계 21:27 참조).

성화와 중생은 우리의 잠재의식 가운데서 이루어지는 것으로, 눈에 보이는 것으로 생각하면 잘못이다. 그러나 거듭남으로 성화의 삶을 시작했다면 그 일은 분명히 가시적이다. 성화와 중생은 우리 눈으로는 볼 수 없으나 행위의 열매는 눈에 보인다. 본인 역시 다른 자기 자신을 느끼게 된다. 성화는 양심과 감정과 오성에 영향을 준다.

예수 십자가의 공로가 성령의 거짓 없는 양심을 통하여 하나님을 섬기는 삶으로 인도하신다(히 9:14). 그 결과로 성화는 양심을 자라게 한다. 그러므로 양심으로 살아가는 사람의 선행은 가시적이다. 성령의 열매가 절제와 온유와 사랑과 희락, 화평과 오래 참는 것(갈 5:22-23)이다. 우리의 감정을 표출하기도 하고 절제하기도 하며 살아가는 성화의 삶은 가시적이다. 이렇게 우리는 자신의 의지대로 삶을 이어간다.

그렇다면 우리 의지는 전적으로 내 뜻대로 이루어지는 것인가? 답은 그리 간단하지 않다. 생각해 보자. 당신의 열 손가락을 피아노 건반 위에 얹어 보라. 그리고 당신이 좋아하는 찬송가를 연주해 보라. 금방 자신의 부족함을 인식하게 된다. 자기 손가락임에도 마음대로 움직일 수가 없는 존재가 자신인 것을 깨닫게 된다. 이처럼 우리는 우리 의지대로 세상 살기에는 너무나도 부족한 존재임을 깨닫게 될 것이다. 그럼에도 우리는 하나님의 기쁘신 뜻대로(빌 2:13) 살게 된다. 이것이 성화의 삶을 살게 하시는 하나님의 인도하심이다.

그리고 신자는 오성, 즉 논리적인 사고능력을 통해서 하나님께 나가는 것이다. "선지자의 글에 저희가 다 하나님의 가르치심을 받으리라 기록되었은즉 아버지께 배운 사람마다 내(예수)게로 오느니라"(요 6:45)라고 예수께서 말씀하여 성화의 삶이란 그리스도의 본을 따라 사는 가시적인 삶이 되어야 함을 강조하신다. 성화의 삶을 살아갈 때 신자의 몸은 하나님의 신령한 전이 된다. 그러므로 신자는 자신의 영광을 위하여 사는 존재가 아니라, 하나님의 영광을 위해 살아가는 존재이므로 영적으로 거룩해야(고전 6:19-20) 하며 육체적으로도 건강해야 한다.

이제 하나님의 나라가 이 땅 위에 이루어진다는 말씀은 무엇을 의미하는지 찾아보자. 이 말씀은 성화의 삶을 살고 있는 신자들의 마음속에 하나님의 나라가 임할 때, 그 나라가 이 땅에 이루어지는 것이다. 하나님의 나라가 개인에게 이루어지는 것은 성도가 신앙생활을 잘하고 있다는 것을 의미한다. 곧 성화의 삶을 사는 것이다.

예수께서 열두 제자를 부르시고 복음을 전하실 때는 복음과 유대교가 충돌하여, 복음이 전파되는 곳이면 어디서나 영적 갈등이 있었다. 유대인들은 율법과 그들의 유전으로 예수의 복음을 무력화시키려 했고, 그 시도는 복음 선포에 큰 방해가 되었다. 그럼에도 불구하고 복음은 전파되었으며 지금 우리가 그 복음을 믿고 있는 것이다.

유대인들은 지금까지도 메시아를 기다리고 있으며, 그들은 예수께서 온 인류의 메시아 그리스도로 오신 것을 여전히 불신하고 있다. 하물며 그때는 오죽 심했겠는가. 유대인들과의 복음과 율법 문제로 교회에 혼란이 올 때, 해결을 위하여 쓴 편지가 대부분의 바울 서신이다. 사도 바울은 자신이 살고 있는 성화의 삶을 이렇게 소개하고 있다.

"내가 이미 얻었다 함도 아니요
온전히 이루었다 함도 아니라
오직 내가 그리스도 예수께서 잡힌 바 된
그것을 잡으려고 좇아가노라

형제들아 나는 아직 내가 잡은 줄로 여기지 아니하고
오직 한(행한) 일 즉 뒤에 있는 것은 잊어버리고
앞에 있는 것을 잡으려고 푯대를 향하여
그리스도 예수 안에서 하나님이 위에서 부르신
부르심의 상을 위하여 좇아가노라"(빌 3:12-14).

빌립보교회는 바울의 2차전도여행을 통하여 세워진 교회로, 유럽에 처음으로 세워진 교회다. 빌립보교회는 하나님 말씀대로 잘 살아가며 어려운 이웃에게 선교헌금을 보내기까지 성장한 교회였다. 바울은 이 교회가 계속하여 하나님 앞에서 칭찬받는 교회로 성장하기를 기원했다. 그리고 주 안에서 감사하며 기뻐하는 마음으로 살아가도록 당부하는 이 편지를 로마 옥중에서 쓰고 있다. 이 편지는 로마 옥중에서 하나님의 말씀을 따라 살아가는 자신의 단호한 결심과 확신에 찬 고백의 말씀이다. 곧 사도 바울의 성화의 삶을 보여주는 말씀이다.

사도 바울이 이 편지를 기록할 때는 AD 62년경으로 바울이 회심한 지 30년이 지난 후며, 죽기 4년 전이다. 모든 노력을 다해 하나님의 뜻을 따라 세상을 살아온 그의 고백의 말씀이다. 그는 "내가 얻었다 함도 아니요 온전히 이루었다 함도 아니라" 말하며, 아직도 그리스도께 잡힌 바 된 그것을 잡으려고 좇아가고 있다고 말한다. 그가 예수를 자신의 구원주 그리스도로 받아들인 지 30여 년이 넘도록 그의 삶은 여전히 그리스도께 잡힌 바 되어 그 무엇을 추구하고 있다고 말한다.

여기서 바울이 구하는 것은 '부르심의 상'이다. 세상에서 모든 상은 우리가 죽을 때, 가치 없는 것이 되고 만다. 그러나 죽은 후에도 귀한 상은 무엇인가? 그것은 구원이다. 그것이 우리를 자녀로 불러

주시고, 천국에서 영원히 살도록 불러주시는 하나님의 상이다. 복음을 핍박하던 사울이 예수께 잡힌 바 되어 예수를 믿고 새사람 된 것이 거듭남이다. 그는 바울이 되었고 복음을 핍박하던 자에서 복음의 사도가 된 것이다. 그의 삶이 바로 그리스도 예수께 잡힌 바 되어 사는 삶이다.

이것이 신앙생활이며 성화의 삶이다. 바울은 회심 30년이 지난 그 때에도 영적 성장을 다 이루었다고 생각하는 것이 아니라, 부족함을 느끼며 부르심의 상급을 향하여 좇아간다고 말한다. 그 상급은 구원이다. 바울은 그 구원을 이루려고 가는 상태를 '좇아간다'라고 말한다.

바울의 편지에서 무엇을 설명할 때 자주 운동경기를 비유하는 것을 볼 수 있다. 여기서도 열심을 다해 달려 좇아가는 것을 말하는데, 이는 열심히 달리고 추적하여 좋은 결과를 얻는 것을 말하는 것과는 거리가 멀다. 여기서 좇아간다는 말은 영적으로 사력을 다해 목숨 걸고 추적한다는 아주 강력한 의지를 나타낼 때 쓰는 말이다.

성화의 삶은 덥지도 차지도 않은 신앙생활이 아니라, 혼신을 다하는 신앙생활을 말한다. 그렇게 예수를 닮아 사는 신앙생활이어야 한다는 말씀이다. 바울이 자신의 성화의 모습을 고백하는 말씀을 지금 우리가 듣고 있다. 이 말씀을 들을 때 우리 또한 마음의 다짐이 필요하다.

이런 성화의 삶이 우리가 마땅히 추구해야 할 모범이며, 또한 마땅히 감당해야 할 의무이다. 이렇게 세상을 살아갈 때, 그 마음속에 하나님의 나라가 이루어지며, 하나님의 나라가 우리 마음속에 임하게 되는 것이다.

빌립보서 3장 12절에서 바울은 "예수께 잡힌 바 된 그것을"이라고 강조하고 있다. 잡힌 바 되었다는 것은 그가 다메섹으로 복음을 믿는 자들을 핍박하러 가는 길에서 그리스도를 만나 회심한 사건을 말한다. 이는 우리 신앙생활의 중심에는 항상 예수 그리스도가 있어야 함을 강조하고 있다.

여기서 바울은 오직 내가 행한 일을 잊어 버리고 푯대를 향하여 간다고 말한다. 이는 자신이 행한 일의 공과 실을 모두 잃어버리고, 오직 구원의 완성을 위한 경주를 계속하리라는 말이다. 이 모범이 예수를 닮아 세상을 사는 신자의 성화다. 그렇게 세상을 살아갈 때 하나님의 나라가 하늘에서 이루어진 것같이, 이 땅에서도 이루어지게 되는 것이다.

지금까지 사도 바울이 빌립보교회에 보낸 편지를 통해 예수께 잡힌 바 되어, 예수를 그리스도로 믿음으로 성화의 삶을 살고 있는 바울의 모습을 살펴보았다. 바울의 설명은 그리스도교회 교리의 핵심이다. 에베소서, 로마서 등 대부분의 바울 서신서는 먼저 수신자의 상황에 해당되는 교리를 설명하여 가르친다. 다음으로는 교리의 실천을 설명하여 그들이 신앙생활 가운데 적용하도록 가르친다.

지금까지 성화에 관한 사도 바울의 교리적 측면을 살펴보았다. 다음으로는 실천적 측면에서 바울 사도의 가르침을 살펴보도록 하자.

"이것들을 인하여 하나님의 진노가
임하느니라
너희도 전에 그 가운데 살 때에는
그 가운데서 행하였으나
이제는 너희가 이 모든 것을 벗어버리라
곧 분과 악의와 훼방과 너희 입에
부끄러운 말이라 너희가 서로 거짓말을 말라
옛사람과 그 행위를 벗어버리고

새 사람을 입었으니 이는 자기를 창조하신
자의 형상을 좇아 지식에까지
새롭게 하심을 받는 자니라"(골 3:6-10).

사도 바울은 자신의 삶의 중심에 예수 그리스도를 모시고 살아 가는 것처럼 골로새교회 교인들도 그리스도가 그들의 삶 가운데 중심이 되어 살도록 부탁하고 있다. 골로새 교인들이 바울처럼 산다면 "우리의 생명이신 그리스도께서 나타나실 그때에 너희도 그와 함께 영광중에 나타나리라"(골 3:4)라고 말하며 그들의 삶이 그리스도를 중심으로 사는 신앙생활이 되어야 함을 강조한다. 그리고 해야 할 일과 하지 말아야 할 일을 열거하여, 말씀의 실천을 설명하고 있다. 이것으로 인하여 하나님의 새롭게 하심을 입는다고 말한다.

이 말씀은 하늘나라의 삶을 살도록 인도하는 긍휼, 자비, 겸손, 오래 참음, 용서, 사랑을 실천하며 세상을 살아야 하나, 반대로 음란과 부정과 사욕과 악한 정욕과 탐심과 입에 부끄러운 말을 인하여 하나님의 진노가 순종치 않는 자들에게 임한다는 것이다. 그러므로 옛 사람을 벗어버리고 새 사람을 입으라 말한다. 새 사람을 입는 거듭남은 하늘나라가 이 땅에 임하는 것이다.

주기도문을 통해서 우리는 끊임없이 하나님의 나라가 우리 가운데 임하시기를 기도해야 한다. 그리고 우리가 그리스도의 형상을 닮아 거듭난 사람으로 이 땅에 있는 지체를 죽임으로써(골 3:5) 진노를 피하여 구원을 받게 하신다. 그러나 이렇게 하나님의 나라가 우리 심령에 임했다고 해도 감사하고 평안히 쉬는 것으로 하나님의 나라가 완성되었다고 여기면 안 된다. 여전히 우리는 계속해서 하나님의 나라가 임할 수 있도록 기도해야 한다. 왜냐하면 이 세상은 여전히 죄악 된 곳이기에 우리의 심령에 하나님의 은혜가 더욱 증대되어야 하기 때문이다.

> "그러므로 너희는 하나님이 택하신 거룩하고
> 사랑하신 자처럼 긍휼과 자비와 겸손과 온유와
> 오래 참음을 옷 입고 누가 뉘게 혐의가 있거든
> 서로 용납하여 피차 용서하되
> 주께서 너희를 용서하신 것과 같이
> 너희도 그리하고 이 모든 것 위에 사랑을 더하라
> 이는 온전하게 매는 띠니라"(골 3:12-14).

사도 바울은 계속하여 권면의 말을 전한다. 하나님의 택함 받은 자로 세상을 살아야 한다는 말씀이다. 택함 받은 자를 유대인이라 말하는 사람도 있으나 그것은 아니다. 택함 받은 사람은 예수를 믿는 그리스도인이다. 예수를 구주로 믿고 거듭나서 성화의 삶을 살고 있는 사람이 택함 받은 사람이다.

그러므로 성화의 삶을 살아가는 실질적 실천은 모든 불의한 일을 버리고 하나님의 부르심에 응답하여 거듭나서 세상을 사는 것이다. 그렇게 중생한 사람은 긍휼과 자비와 겸손과 오래 참음으로 옷 입고 세상을 살게 된다. 그리스도께서 우리 죄를 용서하시고 은혜를 베푸시는 것처럼 우리도 용서하며 살라 하신다. 이 모든 용서 위에 사랑을 더하라고 하신다.

지금까지 사도 바울의 성화의 삶과 그가 권하는 그리스도인들이 행할 바와 금할 바를 살펴보며 교리와 그 교리의 실천을 살펴보았다. 이제 베드로의 권면을 살펴보자.

"너희가 진리를 순종함으로
너희 영혼을 깨끗하게 하여
거짓이 없이 형제를 사랑하기에
이르렀으니 마음으로 뜨겁게 피차 사랑하라
너희가 거듭난 것이 썩어질 씨로
된 것이 아니요 썩지 아니할 씨로 된 것이니
하나님의 살아 있고 항상 있는
말씀으로 되었느니라"(벧전 1:22-23).

로마 통치하에서 그리스도인들이 심한 핍박을 받게 될 때 사도 베드로는 소아시아 교회들에게 이 격려의 편지를 쓰게 된다. 그들이 소망을 잃지 않도록 격려하는 편지로, 자신이 살고 있는 믿음의 삶을 증언하고 있다. 먼저 진리를 순종하여 영혼이 깨끗하게 되었다는 고백이 중요하다. 곧 진리 때문에 영혼이 새로워져서, 거듭나서, 형제를 사랑하기까지 되었다는 말이다. 진리란 예수 그리스도다. 예수의 말씀에 순종할 때 진심으로 하나님의 사랑을 형제에게 나누어 줄 수 있는 거룩한 성화의 삶을 살 수 있게 된다는 말씀이다.

지금 우리에게 로마의 악정 같은 부담은 없을지라도 밀려오는 악한 세력으로부터 믿음을 지키며 살기를 원한다면, 사도 베드로가 말하는 진리에 순종하는 결단과 행함이 필요하다. 복음에 응답한 후 성화의 삶을 사는 것은 쉬운 일이 아니다. 어려움이 있다 하더라도 앞으로 나아가야 한다. 잘 가꾸어진 밀밭에도 가라지는 섞여 있지만, 온전하지는 못하나 여전히 밀밭이라고 부른다. 우리가 노력은 해도 온전한 하나님의 나라가 임한 것은 아니다. 그럼에도 우리 안에 하나님의 나라가 임할 것을 의심 없이 믿고 나아가는 사람이 그리스도인이다. 이렇게 세상을 살아간 후 하나님께서 주시는 상급은 영생하는 구원이다.

> "그러므로 모든 육체는 풀과 같고
> 그 모든 영광은 풀의 꽃과 같으니
> 풀은 마르고 꽃은 떨어지되
> 오직 주의 말씀은 세세토록
> 있도다 하였으니
> 너희에게 전한 복음이 곧 이 말씀이니라"(벧전 1:24-25).

이 말씀은 이사야서 40장 6-7절의 말씀을 인용하여 연약한 인간의 속성과 영원하신 하나님의 구속사역을 대조, 설명한 말씀이다. 우리 육체는 시험을 받으며 세상 마지막에는 사라지게 되나 하나님의 말씀은 영원토록 굳게 서서 하나님께 속한 백성을 구원하시리라는 이 외침이 복음이 된다. 하나님의 나라는 이렇게 믿고 성화되어 살아가는 그의 자녀들의 삶에서 이루어진다는 것이다. 결과적으로 우리는 매일 아버지의 뜻이 하늘에서 이루어진 것같이 이 땅에서 나의 심령에 이루어지기를 기도해야 한다.

제3장

오늘날 우리에게
일용할 양식을 주옵시고

오늘날 우리에게
일용할 양식을 주옵시고

"오늘날 우리에게
일용할 양식을 주옵시고"(마 6:11).

　이 기도문은 배고픈 사람의 기도문이 아니다. 재물이 없어 가난한 사람의 기도 또한 아니다. 이 기도는 우리의 필요를 채워주기를 간구하는 기도다. 하루를 시작할 때, 우리의 육체가 필요로 하는 것은 음식, 곧 빵과 떡이다. 생명을 유지하기 위하여 필요로 하는 것은 음식이다. 그러므로 우리 육체의 보존을 위하여 음식을 구하듯이, 이 세상을 살아가기 위하여 매일매일 자신에게 필요한 것을 구하듯이, 육체와 영혼을 위하여 매일의 필요를 공급하시는 하나님께 필요한 것을 구하라는 말씀이다.
　일생을 먹고도 남을 만큼의 양식을 곳간에 쌓아놓은 부자도 이 기도를 드려야 하는가? 맞다, 기도해야 한다. 지금 우리도 일용할 양식을 위하여 기도해야 한다. 왜냐하면 예수께서 그렇게 가르쳐 주셨기 때문이다. 결과적으로는 이 기도문은 음식만을 구하는 기도가 아니라, 음식은 물론 그보다 더 귀한 것을 위하여 필요한 기도다. 그 무엇이 어떤 것인지 찾아보자. 누가는 같은 내용의 주기도문을 그의 복음서에 소개한 후 기도에 관한 교훈을 11장 9절부터 이렇게 이야기하고 있다.

> "내가 또 너희에게 이르노니
> 구하라 그러면 너희에게 주실 것이요
> 찾으라 그러면 찾을 것이요
> 문을 두드리라 그러면 너희에게 열릴 것이니
> 구하는 이마다 받을 것이요
> 찾는 이가 찾을 것이요
> 두드리는 이에게 열릴 것이라
> 너희 중에 아비 된 자 누가
> 아들이 생선을 달라 하면 생선 대신에 뱀을 주며
> 알을 달라 하면 전갈을 주겠느냐
> 너희가 악할지라도 좋은 것을 자식에게
> 줄 줄 알거든 하물며 너희 천부께서
> 구하는 자에게 성령을 주시지 않겠느냐 하시니라"(눅 11:9-13).

지금 우리는 주기도문 중 "오늘날 우리에게 일용할 양식을 주옵시고"를 살펴보고 있다. 누가는 그의 복음서에 주기도문을 소개한 후 기도에 관한 교훈을 언급하면서, 그 무엇을 얻기 위해서는 구하고, 두드리고, 그 무엇을 취하라고 말한다. 비유로 아버지에게 떡을 구하고 생선을 구하고 알을 구하는 아들과 이를 공급하는 아버지의 관계를 소개하며, 하나님과 자녀의 관계를 설명하고 있다. 이처럼 우리가 구하면 천부 하나님께서 성령을 주신다는 말씀이다.

자녀가 구한 것은 음식인데, 하나님은 성령을 주신다니 무슨 의미일까? 배고파 떡을 구하고 생선을 구하고 알을 구하는 자녀의 사정을 몰라서 하시는 말일까? 그것은 아니다. 하나님은 우리보다 우리의 사정을 더 잘 알고 계신다. 그러므로 예수께서 말씀하시는 일용할 양식이란 떡과 생선과 알보다 더 귀한 양식임이 분명하다. 즉 우리의 육체를 위한 양식보다 더 귀하고 중요한 양식이다. 그것을 성경에서는 "성령"(눅 11:13)이라고 말씀하신다.

예수의 제자들은 예수를 대면하여 구하고 얻었으며 질문하여 답변을 들었다. 그리고 예수께서 부활, 승천하신 후 제자들과 모든 사람들이 하나님께 응답받기를 원할 때는 한 길뿐이었다. 바로 기도다. 따라서 기도에 관하여 자세히 알아볼 필요가 있다.

기도의 역할

첫째로 기도는 하나님과의 교통이다.

기도를 통하여 하나님께 감사하고 찬양하고 중보하고 탄원하고 죄를 고백하며, 그것이 그분에게 나가는 통로가 된다. 이러한 기도를 통해 하나님께서 우리 사정을 알게 되는 것은 아니다. 우리가 고하기 전 하나님은 우리의 모든 사정을 다 알고 계신다(마 6:8). 우리 기도는 하나님을 향한 우리의 믿음이며 하나님을 의지하는 수단이다.

그러므로 하나님은 우리가 전심으로 기도하기를 원하신다. "오늘날 우리에게 일용할 양식을 주옵소서" 하며 구하라는 말씀은, 지금 우리에게 내려주실 '하나님의 은혜'를 구하라는 것이다. 믿음으로 드리는 기도는 하나님을 신뢰한 결과다. 하나님을 신뢰할 수 없는 사람은 그에게 기도할 수 없다.

둘째로 기도는 하나님과의 교제다.

기도는 타락한 죄인과 하나님과의 관계를 아버지와 자녀의 관계로, 곧 하나님과 양자 된 자녀의 관계로 사랑의 교제를 나눌 수 있는 교량 역할을 한다. 기도의 종류도 다양하다. 먼저는 개인기도로, 통성기도로, 합심기도로, 대표기도로 여러 가지 형태의 기도를 드리나, 기도의 본뜻은 오직 하나님과의 대화다. 홀로 기도할 수 있고, 다 같이 모여서 기도할 수 있고, 예배하며 기도할 수 있고, 밤새워 기도할 수도 있다. 때로는 한 국가가 기도할 수 있고, 민족이 기도할 수도 있다. 그러나 하나님의 역사는 한 가지다. 바로 성령께서 역사하신다는 사실이다.

셋째로 기도는 하나님의 보좌를 움직인다.
구하면 주실 것이요 두드리면 열릴 것이라 말씀하신다. 예수께서는 구하는 것과 받는 것은 관련 있다고 말씀하신다. 그러나 구하는 자는 하나님 뜻 안에서 구해야 한다. 구약시대 이스라엘이 죄를 범함으로 하나님께서 백성을 진멸하시겠다는 선언에 모세가 "어찌하여 애굽 땅에서 인도하여 내신 주의 백성에게 진노하시나이까……주의 맹렬한 노를 그치시고 뜻을 돌이키사 주의 백성에게 벌을 내리지 마옵소서"(출 32:11-12 참조)라고 기도할 때, 하나님께서는 마음을 돌이켜 이스라엘을 진멸하지 않았다. 모세의 간구가 하나님의 진노의 뜻을 돌이키신 것이다.

곧 우리가 드리는 매일의 기도는 하나님의 은혜가 우리에게 내려지는 통로가 되며, 우리가 받게 될 하나님의 진노를 돌이키는 결과가 된다. 우리가 드리는 기도는 하늘의 보좌를 움직일 수 있다. 이것이 우리가 "일용할 양식을 주옵소서"라고 구하며 항상 기도해야 하는 이유다.

"만일 우리가 우리의 죄를 자백하면

저는 미쁘시고 의로우사
우리 죄를 사하시며
모든 불의에서 우리를 깨끗하게
하실 것이요"(요일 1:9).

우리의 기도는 하나님이 그의 뜻을 바꾸시게도 할 수 있으며 또 놀랄 만한 은혜를 부어 주시도록 할 수도 있다. 따라서 결과적으로 기도하지 않는 사람은 하나님의 능력을 불신하여 믿지 못하는 사람이다. 우리는 "오늘날 우리에게 일용할 양식을 주시옵소서!" 하며 매일 기도해야 한다.

넷째로 가인과 아벨의 제사를 보자.

창세기 4장을 보면 가인과 아벨의 제사를 소개한다. 형 가인은 곡식의 소산으로 제사 드렸고, 아우 아벨은 양을 잡아 제사 드렸다. 결과를 보면 하나님께서 아벨의 제사는 받으셨으나, 형 가인의 제사는 받지 않으셨다. 가인은 분노하여 동생 아벨을 살해함으로 인류 최초의 살인자가 되었다. 여기서 우리는 하나님의 마음은 알 수 없다.

유대인들이 성전에서 하나님께 제사 드릴 때 가난한 사람들은 곡식으로도 제물을 드렸다. 곡식과 양 중에 어떤 제물이 하나님께 합당한 것이었는지는 성경은 설명하지 않고 있다. 어떤 이들은 피 흘림이 없는 제사는 효력이 없다고 주장하나, 그것은 사실이 아니다. 그것이 사실이라면 가난한 사람이 드리는 곡물 제사를 어떻게 설명할 수 있겠는가? 분명한 것은 하나님께서 동생 아벨의 제사에는 응답하셨고, 형 가인의 제사에는 그리하지 않으셨다는 사실이다.

이제 우리 현실로 돌아와 생각해 보자. 가인과 아벨은 제물을 놓고 제사를 드렸으나, 우리는 예수의 이름으로 기도한다. 예수께서 우리 죄를 위하여 희생제물이 되셨기에 그의 이름으로 기도드리며 응답을 구하는 것이다. 그 응답은 어떤 것일까? 가인의 응답일까, 아니면 아벨의 응답일까? 왜냐하면 기도의 응답은 기도하는 사람에 따라 다르기 때문이다. 이제 자신을 돌아보면서 생각해 보자! 나에게 주시는 응답은 어떤 것이 될까……. 그 답을 듣기가 두려워진다. 기도하기도 두렵다. 사도 바울의 설명을 들어보자.

"하나님은 한 분이시요
또 하나님과 사람 사이에
중보도 한 분이시니 곧 사람이신
그리스도 예수니라"(딤전 2:5).

우리는 죄악으로 인하여 거룩하신 하나님 앞에 나갈 수가 없었다. 그러나 하나님께서 세워주신 중보자 예수를 통하여 그분께 나갈 때, 중보자 예수의 이름으로 구하여 응답을 받을 수 있게 되었다. 이 말씀이 복음이다. 이제 하나님의 자녀로 예수를 믿는 자는 두려워할 이유가 없어졌다. 하나님은 그의 자녀의 기도에 응답하신다. 그러나 어두움의 자녀에게는 응답이 없다.

예수께서는 "내가 곧 길이요 진리요 생명이니 나로 말미암지 않고는 아버지께로 올 자가 없느니라"(요 14:6)라고 말씀하신다. 구약시대 유대인들은 일 년에 한 번씩 대제사장만이 지성소에 들어가 하나님께 제사를 드렸다. 그러나 이제 우리는 예수께서 중보자로 제사장직을 수행하시므로(히 7:26-27) 하나님 앞에 언제나 나가서 간구하며 기도할 수 있게 되었다. 예수의 이름으로 기도 드릴 때, 예수께서는 우리의 중보자가 되셔서 우리 기도가 응답받도록 인도하신다.

다섯째로 성령이 우리의 기도에서 어떤 일을 하시는지 보도록 하자.
성령이 임하여 기도하게 하신다는 의미는 우리가 눈을 감으면 기도가 저절로 나오게 된다는 말이 아니다. 기도는 하나님과의 개인적인 교통이다. 자신의 마음을 하나님께 쏟아놓고 하나님의 위로와 응답을 받는 것이다. 이때 성령께서 우리를 도와주신다. 그렇다면 성령께서 어떻게 도와주시는지 찾아보자.

"이와 같이 성령도 우리의 연약함을 도우시나니
우리가 마땅히 빌 바를 알지 못하나
오직 성령이 말할 수 없는 탄식으로 우리를 위하여
친히 간구하시느니라 마음을 감찰하시는 이가
성령의 생각을 아시나니 이는 성령이
하나님의 뜻대로 성도를 위하여 간구하심이라"(롬 8:26-27).

이 말씀에는 기도하는 '우리'와 우리 연약함을 돕는 '성령'과 기도하는 우리 마음을 감찰하시는 '하나님'이 언급되고 있다. 여기서 먼저 이 관계를 확실히 이해하면 바울이 말하는 바를 바로 깨달을 수 있다.

우리가 기도할 때 연약함으로 기도하는 것을 잘 알지 못한다고 말한다. 예를 들면 잘못된 기도를 할 수도 있고 때와 상황이 맞지 않아 하나님이 응답하실 수 없는 기도를 할 수도 있다는 말씀이다. 우리 경험으로 보면 그때 그런 기도를 할 필요가 없었는데, 아니면 그 일은 스스로 해결되는 일이었는데 등등 기도할 필요가 없었던 일도 있다.

그런 기도는 자신의 생각이 지혜롭지 못했던 것을 알게 해주기도 한다. 이런 일은 우리가 하나님의 성품을 잘 알지 못하므로 일어난다. 이때 마음을 감찰하시는 하나님께서 우리의 연약함을 감지하시고 성령의 인도하심 통하여 우리를 도우신다는 것이다. 그 결과로 하나님의 뜻대로 간구하게 하신다.

여기서 "성령이 하나님의 뜻대로 간구하게 하신다"라는 것은 무엇을 말하는가? 성령께서 우리 입에 기도를 넣어 주신다는 것인가? 이는 성령의 도우심으로 '우리 마음의 소원을 하나님의 뜻과 일치시키는 것'을 말한다. 곧 그릇된 간구는 바른 간구로 바꾸게 하시고, 하나님의 뜻에 어긋나는 간구는 없던 일로 취소하게 하시고, 어떤 간구는 더 기다리게 하시어 기도에 오류가 없도록 성령께서 인도하신다. 이것이 성령께서 하나님의 뜻대로 간구하게 하시는 '성령'의 사역이다(롬 8:27 참조).

우리가 기도할 때 내가 드리는 기도가 하나님의 뜻대로인지 아닌지 어떻게 알 수 있는지 살펴보자. 이 일은 매우 중요한 일이다. 하나님께 기도드릴 때 자신은 옳은 기도라고 생각했으나, 시간이 지나고 돌아보면 후회하는 경우도 있다. 그러므로 어떤 기도가 하나님의 뜻을 따른 기도인지 확실히 알 필요가 있다. 여기서 성령의 감동과 자신의 생각을 어떻게 구분할 수 있는지 의문이 들 수 있다.

그 답은 자신의 생각이 하나님의 생각에 일치되어야 하나님의 뜻대로 드리는 기도가 된다. 이렇게 성도의 간구를 바르게 인도하신다. 그렇다면 '성령 안에서' 무엇을 행한다는 말은 무엇을 말하는가? 부흥집회나 특별기도회를 통하여 일어날 수 있는 무아지경이 아닌, '성령의 존재를 느끼며' 즐거워할 수도, 감사할 수도, 사랑할 수도 예배할 수도, 봉사할 수도 있다는 말이다.

이렇게 하나님의 뜻대로 기도하는 자녀에게는 어떤 상급을 주시는가?

어떻게 기도해야 하나

첫째는 믿음으로 기도하게 하신다.
"믿음은 바라는 것들의 실상이요
보지 못하는 것들의 증거니"(히 11:1).

"너희가 기도할 때에
무엇이든지 믿고 구하는 것은
다 받으리라 하시니라"(마 21:22).

믿음이 없는 기도는 향방 없이 허공을 치는 것이다. "믿음이란 예수께서 반드시 자신을 구원하신다는 신앙이다." 그것은 소망이나 기대가 아닌 오직 확신을 가지고 나아가는 것이다. 믿음이란 단어의 히브리어는 '키운다, 자라게 한다'라는 어근에서 나온 말이다. 다시 말해 믿음이란 예수께서 자신을 반드시 구원하신다는 신앙이다. 우리의 기도가 단지 바람이라면, 믿음 없는 기도가 되며 허공을 치는 것이 된다.

그렇다면 깊숙이 땅에 박힌 돌 같은 믿음을 소유할 수 있는 방법은 무엇인가? 믿음은 보이지 않는 것을 믿는 것이고, 구한 것을 받게 될 것으로 확신하는 것이다. 이렇게 기도하는 과정부터 우리는 연약하므로 어떻게 기도하는지 알지 못한다고 말씀한다(롬 8:26). 그러므로 하나님께서는 성령을 통해 바른 간구를 하게 하신다. 이렇게 행하시는 하나님을 의심 없이 신뢰하며 나아가는 기도가 '믿음으로 하는 기도'이다. 이렇게 믿음으로 기도하며 나아갈 때 하나님은 그분만의 방법으로 우리에게 응답하신다.

둘째는 순종하며 기도해야 한다.

"우리 마음이 혹 우리를 책망할 일이 있거든
하물며 우리 마음보다 크시고 모든 것을
아시는 하나님일까 보냐
사랑하는 자들아 만일 우리 마음이
우리를 책망할 것이 없으면
하나님 앞에서 담대함을 얻고
무엇이든지 구하는 바를 그에게 받나니
이는 우리가 그의 계명을 지키고
그 앞에서 기뻐하시는 것을 행함이라"(요일 3:20-22).

문제는 하나님의 마음에 우리를 책망하실 일이 있으면, 우리 기도가 응답될 수 없다는 것이다. 왜냐하면 기도는 하나님과의 인격적인 교제이기 때문이다. 죄인은 기도할 수 없다는 이야기가 아니다. 죄인은 죄 사함 받기 위해서 기도해야 한다. 응답받아 죄 사함을 얻어야 한다. 다만 자신의 잘못은 돌아보지도 않고 열심을 내어 기도한다 해도, 오히려 책망을 듣게 된다는 것이다. 그러므로 하나님의 말씀에 순종하여 회개한 후 죄 사함을 받고 기도해야 한다.

셋째는 겸손히 기도해야 한다.

"하나님이 교만한 자를 물리치시고
겸손한 자에게 은혜를 주신다"(약 4:6).

교만한 자는 누구인가? 그는 자신의 죄악을 모르는 사람이다. 다른 사람의 죄와 허물과 과오를 보며, 그것들을 상대방과 동일시하여 무시하는 사람이다. 곧 자신의 마음에 예수 그리스도를 받아들이지 못한 사람이다. 자신의 죄와 허물과 과오를 깨달아 알고 있는 사람은 교만할 수가 없다. 이런 사람이 자신을 알고 있다면 남을 탓할 수 있겠는가!

우리는 성경에서 겸손하지 못한 무리들을 볼 수 있다. 그들은 바리새인들이다. "하나님이여 나는 다른 사람들 곧 토색, 불의, 간음을 하는 자들과 같지 아니하고 세리와도 같지 아니함을 감사하나이다 나는 이레에 두 번씩 금식하고 또 소득의 십일조를 드리나이다"(눅 18:11-12) 하는 바리새인들을 하나님께서 물리치신다고 말씀한다.

넷째는 지속적으로 기도해야 한다.

우리에게는 지속적인 기도가 필요하다. 기도를 통하여 우리 마음이 하나님께 전달된다. 이때 지속적으로 기도한다는 의미는 기도하는 내용이 매우 절실하다는 것이다. 한번 기도하고 몇 주가 지나 다시 기도한다면 기도의 긴박함은 없으며 이는 응답을 기다리는 사람의 마음이 아니다. 전심으로 간절히 기도할 때 우리 기도는 하늘 보좌를 움직일 수 있게 되는 것이다. 이스라엘이 하나님의 진노하심을 받을 때 모세는 이스라엘을 위하여 사십 주야를 엎드려 기도했다. 기도한 결과 하나님께서 그들을 멸하지 않으셨다(신 9:25-26).

바울의 경우를 보자. 만일 바울이 그 자신의 몸의 가시를 제거하여 주시기 위하여 기도할 때 한 번만 하고 말았다면, 그 가시가 바울을 자만하지 않도록 주신 것이라는 응답을 받을 수 있었을까? 바울이 그 응답을 마음에 새기며 사도의 사명을 선히 감당한 것은, 그가 포기하지 않고 세 번이나 지속적인 간구로 하나님 앞에 나아간 결과다. 그러므로 우리가 기도할 때 하나님의 응답을 기다리지 못하고 원망한다면 결국 자신의 믿음 없음을 나타내는 것과 다름 없다.

다섯째는 하나님의 뜻대로 기도해야 한다.

"내 아버지여 만일 할 만하시거든
이 잔을 내게서 지나가게 하옵소서
그러나 나의 원대로 마옵시고
아버지의 원대로 하옵소서 하시고"(마 26:39).

이 말씀 중에서 예수께서는 아버지의 뜻을 이미 알고 계셔서 그렇게 기도할 수 있었으나 우리는 하나님의 뜻을 어떻게 알 수 있는지 질문할 수 있다. 우리가 삶에서 중요한 결정을 내려야 할 때 그 답이 성경에 명시되어 있는 것도 아니다. 직장 문제, 자녀교육 문제, 결혼 문제, 주거 문제 등 끝없는 문제들이 나를 기다린다. 이 모든 일들을 스스로 결정해야 하기에 고민이 많다.

그런데 성경은 이렇게 말한다. "너희 중에 누구든지 지혜가 부족하거든 모든 사람에게 후히 주시고 꾸짖지 아니하시는 하나님께 구하라 그리하면 주시리라"(약 1:5). 이 말씀은 어려운 문제를 놓고 하나님께 기도하면 지혜를 허락하신다는 말씀이다. 이 지혜는 우리의 상식, 지식, 경험 등 모든 것을 통하여 하나님이 원하시는 뜻대로 결정하도록 도와주신다는 뜻이다.

지혜의 사전적 의미는 "사물의 이치를 깨닫고 옳고 그름을 잘 이해하여 처리하는 것"이다. 그러나 하나님께서 주시는 지혜는 사물의 이치를 잘 깨닫는 것이 아니라, 하나님의 뜻을 깨달아 아는 것이다. 신자는 하나님의 말씀을 공부하는 데 게을리하지 말아야 한다. 이렇게 하나님의 뜻을 성경에서 찾아 자신의 삶에 잘 적용해 나갈 때, 그 사람의 간구는 하나님의 응답을 받게 된다.

지금까지 우리는 간절한 기도와 하나님의 응답하심을 살펴보았다. "우리에게 일용할 양식을 주옵소서" 하며 기도하는 사람이 매일매일 기도에 응답하시는 하나님께 감사와 찬양을 하는 것은 매우 중요하다. 사도 바울은 빌립보교회 교인들에게 "오직 모든 일에 기도와 간구로, 너희 구할 것을 감사함으로 하나님께 아뢰라"(빌 4:6)고 했다. 이렇게 감사함으로 드리는 기도는 우리가 매일 양식을 구하듯 끊임없이, 그리고 믿음으로 겸손하게 순종하는 마음으로 계속해야 한다.

자신의 밭에 감춰진 보화가 있다면 그는 결코 가난한 자가 될 수 없다. 당신의 심령에 예수를 그리스도로 믿고 있다면 어떤 부요를 더 원하겠는가! 예수께서 일러주신 주기도문은 신자의 삶에 활력이 넘치게 하시고 그 힘으로 성화의 삶을 살아가는 거룩한 하나님의 자녀로 인도한다.

제4장

우리가 우리에게
죄지은 자를 사하여 준 것같이
우리 죄를 사하여 주옵시고

우리가 우리에게
죄지은 자를 사하여 준 것같이
우리 죄를 사하여 주옵시고

　　　　　사람은 처음부터 죄인이었나? 사람의 죄에 관하여는 아담이 에덴동산에서 타락하므로 시작되었다고 성경은 말한다(창 3장 참조). 그러므로 인간의 죄는 고의적 행동에 기인하며 그 책임은 인간에게 있다. 그런데 어떤 사람들은 타락을 하나님이 조성했다며 죄의 원인을 하나님께 돌리기도 한다. 이것은 큰 죄악이다. 모든 죄는 용서받을 수 있으나, 성령을 훼방하는 죄는 결단코 용서받지 못한다고 말씀한다. 악한 영에 유혹된 아담이 죄의 노예가 되어 인류를 부패의 대열로 인도하였다는 것은 매우 유감스러운 일이다.

　세상은 하나님의 계획에 따라 창조되었다. 이 역사 가운데 가장 귀한 피조물은 인간이다. 왜냐하면 첫째 날부터 다섯째 날까지의 모든 창조가 사람을 위한 역사였기 때문이다. 그러므로 사람은 창조된 피조물 가운데 가장 귀한 존재다.

　하나님께서는 사람을 통하여 영광 받기를 원하신다. 그러나 인간은 하나님께 불순종하여 죄인이 되었으며, 하나님은 죄인이 된 인간을 구원하기로 정하셨다. 이것이 사람의 타락과 하나님의 구원이다. 이 과정에 인간의 타락으로 인한 죄에 관하여 살펴보며 왜 우리가 죄를 심각하게 생각하여야 하며 멀리해야 하는가를 알아보자.

　죄는 하나님에 대한 불순종이며 이는 반역이다. 죄지은 자는 그 생각과 행동으로 하나님의 말씀을 따르지 않고 대적한 것이다. 불순종한 사람에게 하나님께 대하여, 또 이웃에 대하여 주신 계명이 십계명이다. 하나님께서는 사람이 행할 바, 하나님께 대한 네 가지 계명과 사람 사이의 여섯 가지 계명을 십계명으로 주셨다. 이 계명에 불순종하면 죄가 되는 것이다.

어떤 이는 말한다. "과일 한 개 먹은 것이 그렇게도 큰 죄가 되겠는가!" 이것은 과일 하나의 문제가 아니라, 하나님을 대적한 불순종의 문제다. 불순종으로 마귀의 말을 믿었다는 것이다. 이렇게 인간이 범하는 죄에 관하여 어거스틴은 "회개는 죄 때문이다. 죄는 의지 때문이다. 죄 속에 의지가 있다면 그것은 처음부터 우리의 의지가 죄를 지었다는 것이다"라며 인간의 죄는 인간 자신이 선택한 결과라고 말한다. 인간이 마귀의 말은 수용하고, 하나님은 거부한 것이다. 이렇게 하나님을 불순종하는 것은 암보다도 나쁘다. 그러므로 매일 "우리의 죄를 사하여 주시옵소서" 하며 기도해야 한다. 또 "내 영혼을 고치소서"(시 41:4) 하며 기도해야 한다.

죄는 자신이 피조물 된 것을 잃어버리는 것이다. 하나님처럼 영원히 살 수 있으며 선과 악을 알 수 있게 된다는 사탄의 말을 믿은 아담은, 그가 피조물인 것을 잊었던 것이다. 하나님께 영광 돌리며 살아야 할 피조물인 자기 정체성을 잊은 것이다. 자신을 하나님과 동등하게 여기려 한 것이다. 이것이 반역이다. 그러므로 세상의 삶 가운데서 자신이 주인 되려 한다면, 우리는 아담의 범죄를 모방하는 것이다.

죄는 유전되는 것이다. 그렇다면 우리가 범하는 죄는 아담 때문이란 말인가? 그렇다. 이에 대한 답은 이렇다.

"이러므로 한 사람으로 말미암아
죄가 세상에 들어오고

죄로 말미암아 사망이 왔나니
이와 같이 모든 사람이 죄를 지었으므로
사망이 모든 사람에게 이르렀느니라"(롬 5:12).

사도 바울은 아담이 죄를 범하므로 온 인류에게 죄가 전가되었다고 말한다.
곧 죄로 인하여 사망이 온 것이며 사망은 죄의 결과다. 그 형벌은 먼저 육체의 죽음이며, 다음으로는 하나님과 자녀의 관계가 단절되어 죄를 미워하시는 하나님과 원수된 것이다(골 2:13; 딤전 5:6; 계 3:1). 하나님과 남이 된 인간은 죄책을 지고 지옥으로 가게 된다. 여기서 온 인류는 아담의 후예가 되므로, 그의 죄가 인류 모두에게 전가된 것이다. 이 전가된 죄를 '원죄'라고 부른다.

"이러므로 한 사람으로 말미암아 죄가 세상에
들어오고 죄로 말미암아 사망이 왔나니
이와 같이 모든 사람이 죄를 지었음으로
사망이 모든 사람에게 이르렀느니라"(롬 5:12).

"한 사람이 순종치 아니함으로
많은 사람이 죄인 된 것같이
한 사람의 순종하심으로
많은 사람이 의인이 되리라"(롬 5:19).

이 말씀은 한 사람 아담을 통하여 죄가 이 세상에 들어오게 되었고, 두 번째 아담 예수를 통하여 죄 사함을 받고 의인이 되는 길이 열렸다는 것이다. 처음 사람 아담은 하나님의 원의를 따라 그의 참된 지식과 의, 거룩하심을 닮아 지음 받은 이였다.

창세기 1장에서 인간은 하나님의 형상대로 지으심을 받았다고(창 1:27) 말한다. 이 말씀은 인간이 하나님께서 지으신 피조물 중의 하나로 부족함이 없다는 뜻에서 선하다고 말할 수 있다. 우리말 성경에는 "보시기에 심히 좋았다"로 번역되어 인간 내면의 선한 성품을 묘사하지 못하고 있다. 여기서 인간은 하나님의 원의를 따라 지음 받은 인간으로 죄 없는 사람을 나타내고 있다.

또 사람을 정직하게 만드셨다(전 7:29)고 말씀한다. 그렇다면 사람이 선하고 정직하게 살면 천국에 갈 수 있게 된다는 말인데, 왜 예수 그리스도는 믿어야 하는지 질문할 수도 있다. 이 질문은 이교도의 질문이다. 이렇게 믿는 것이 종교다원주의 신앙이다. 에덴동산에서 타락한 인간의 후예는 선할 수도 없고 정직할 수도 없는 존재다. 일반종교에서는 그 사람의 의지에서 기인하는 행위의 결과로 선과 악을, 그리고 정직함을 말하나 그리스도교는 그들과 다르다.

우리의 하나님은 특별함이 있다. 그것이 바로 '영성'이다. 이 성질은 하나님께서 사람을 지으실 때 아담에게 부어주신 생령, 곧 영이다. 흙으로 사람을 지으시고 코에 생기를 불어넣으시니 생령이 되었다고 말씀하신다(창 2:7). 이 영성이 인간의 본질이다. 우리가 생존해 있는 동안에는 물론이려니와 죽은 후에도 우리 영은 불멸한다. 이런 이유에서 인간을 '영적인 존재'라고 부른다. 그러므로 우리는 하나님의 형상을 닮아서 창조된 피조물이 분명하다.

하나님의 형상으로 창조된 사람의 육체 안에는 영이 존재한다. 육체가 없이 영만 존재하는 것은 유리하는 영, 귀신의 영이 된다. 따라서 자살이나 살인은 하나님이 주신 하나님의 형상을 공격하는 것으로 용서받을 수 없는 큰 죄악이다. 여기서 우리가 하나님께 "우리의 죄를 용서하옵소서!"라며 기도할 때, 우리는 하나님의 영적 통제를 받는 자리로 나아가는 것이다.

하나님의 형상을 닮아 창조된 우리의 영은 불멸한다. 만일 우리 영혼이 죽음과 함께 소멸되는 일회적인 것이라면, 그리스도인들은 좀 모자라는 불쌍한 사람들이 된다. 그러나 하나님의 자녀들은 천국을 약속받은 지혜로운 사람들이다. 하나님이 창조하신 아담에게는 죽음이 없었다. 그러나 그의 죽음은 불순종의 결과며 죄의 열매다(창 2:17).

영원히 멸망받는 형벌을 피하는 길은, 하나님이 베푸시는 구원을 받는 것뿐이다. 그러므로 우리는 매일매일 "우리의 죄를 사하여 주옵소서" 하며 기도해야 한다. 다윗은 그의 기도에서 "내가 죄악 중에 출생하였음이여 모친이 죄 중에 나를 잉태하였나이다"(시 51:5)라고 말한다. 이처럼 우리가 모태로부터 죄인이라면 우리에게 선한 것은 무엇이 있는가! 여기서 다윗은 자신의 뒤를 돌아볼 때 죄 많은 자신을 발견한 것이다. 우리도 자신을 돌아볼 때 다윗보다 선한 것이 있겠는가!

하나님께서 인간을 지으실 때 자신의 형상을 따라 창조하셨는데, 인간의 마음속에 죄악은 언제 들어온 것일까? 우리를 지으실 때 하나님이 실수를 하신 것일까? 그것은 아니라고 생각한다. 이 문제에 대하여 논하는 것은 가까운 길을 버리고 먼 길을 택하는 것이다.

바울은 확실한 답을 주고 있다. 우리가 그리스도인이 되기 전에도 본질상 진노의 자녀였다(엡 2:3)고 말한다. 우리 경험을 생각해 보면 아이들에게 가르친 일이 없는데도, 못된 일은 골라서 잘하고 있는 것을 보게 된다. 그러므로 죄를 향한 인간의 성향은 태어날 때부터 지니고 있는 것으로 생각할 수밖에 없다. 또 사도 바울은 로마서에서 "내 속 곧 육신에 선한 것이 거하지 아니하는 줄을 아노니"(롬 7:18)라고 말하고 있다. 사도 바울이 회심 후 25년이나 복음을 전하고 로마서를 쓰고 있을 때 그의 마음속 고백이 이와 같다면, 우리도 바울과 다를 바 없을 것이다.

그렇다면 바울이 말하는 선한 것이란 무엇인가? 이 말씀은 우리 행위가 선하고 악하고의 문제가 아니라, 하나님과 바울 자신의 관계에서 하나님 앞에 선한 것이 없다는 말이다. 이 말씀을 쉽게 이해하자면, 우리 삶 속에서 죄인을 구원하신 예수를 자신의 구원주 그리스도로 믿는 믿음이 없이는, 우리는 선한 사람이 될 수 없으며, 이 선함이 없는 것은 곧 죄가 되므로 우리가 죄인 됨이 맞다는 것이다.

이제 마태복음 6장 12절의 말씀 "우리 죄를 사하여 주옵시고"라고 기도할 때 예수께서 하신 말씀을 다시 한번 생각해 보자.

"너희가 내 안에 거하고
내 말이 너희 안에 거하면
무엇이든지 원하는 대로 구하라
그리하면 이루리라"(요 15:7).

이 말씀은 예수의 고별설교 중 일부다. 요한복음 15장에서는 자신과 아버지의 관계를 설명하여 참포도나무가 되신 하나님의 아들이 되심을 설명하고 있다. 더 나가서 예수와 제자들의 관계를 믿는 자들과 제자들이 포도나무 가지와 연결되어 생명을 공급받아 과실을 맺어야 하며, 예수를 떠나서는 아무것도 할 수 없다고 밝히 설명하신다.

여기서 너희가 내 안에, 내 말이 너희 안에 있다는 말씀은 하나님의 말씀대로 예수를 구원주 그리스도로 믿어, 믿음을 소유한 자를 설명하는 것이다. 그리고 그 믿음을 소유한 자의 기도를 들어 응답하시리라는 말씀이다. 이 책을 시작할 때 "하늘에 계신 아버지"라 부를 수 있는 사람이 되어야 함을 살펴보았듯이, "우리의 죄를 용서하옵소서"라고 기도드릴 때, 이 역시 포도나무 되신 예수께로부터 생명을 공급 받는 자만이 이 기도의 응답을 받을 수 있다는 말씀이다.

세상에서 죄의 문제는 영원한 문제다

세상에서 죄 문제는 영원한 문제다. 그러나 하나님을 믿는 자에게는 문제가 되지 않는다. 종교에서뿐만 아니라, 철학에서도 난제로 남아 있다. 사람들은 죄악은 자율적인 기원을 가지고 있어 인간의 선택에 의해 선과 악이 나누어진다고 생각한다. 그럼에도 불구하고 인간의 범죄가 진리를 추구하는 것보다 훨씬 쉽기에, 세상은 악에 빠지기 매우 쉽다. 죄악의 결과는 인간의 삶에 지대한 영향을 끼쳤다. 그 첫 번째가 '전적 타락'이다. 전적 타락은 하나님의 정의가 모두 타락했다는 의미로 몸도 마음도 하나님으로부터 멀어져 하나님과 동거할 수 없는 상태로 타락함을 말한다.

"여호와께서 하늘에서 인생을 굽어 살피사
지각이 있어 하나님을 찾는 자가 있는가 보려 하신즉
다 치우쳤으며 함께 더러운 자가 되고
선을 행하는 자가 없으니 하나도 없도다"(시 14:2-3).

"여호와께서 사람의 죄악이 세상에 관영함과
그 마음의 생각의 모든 계획이
항상 악할 뿐임을 보시고"(창 6:5).

시편 14편은 타락한 인류에 대한 말씀으로 선을 행하는 자가 하나도 없다고 말씀한다. 인간의 어리석음과 부패, 도덕적 타락으로 하나님께 반역함으로 나갈 때, 우리는 이 상태를 전적 부패(전적 타락)라고 부른다. 그러므로 우리는 예수께서 일러주신 대로 "우리의 죄를 사하여 주시옵소서" 하며 기도해야 한다.

전적 타락은 도덕적 문제를 넘어서, 하나님과 교제를 나누는 성령의 교통하심이 막히는 결과를 가져온다. 이 문제는 생사의 문제가 된다. 도덕적 문제는 정신 차리고 고치려 하면 고칠 수도 있다. 그러나 성령과의 교통하심이 막혀 버리면 생명 없는 육체만 남게 된다. 이렇게 된 사람은 동물과 다를 바 없는 존재로 타락해 버리는 것이다. 그리고 그 영혼은 천국과는 거리가 먼 지옥으로 가게 된다.

그러므로 사람이 하나님의 형상을 상실하여 전적으로 타락했다면 참된 생명과 복의 근원이 되시는 하나님과 단절되며, 그 결과로 영원한 죽음을 맞게 된다는 것이다(엡 4:18). 이렇게 타락하여 죄를 범한 사람은 세상에서 떳떳하지 못하고 수치를 느끼며 살게 된다. 그것이 양심의 가책이다. 그러나 하나님께 죄를 고백하며 매일을 사는 사람은 그의 양심이 자라나게 되어 있다. 이 양심은 잘못을 덮고 수치를 감추려는 양심이 아니라, 자신의 잘못을 하나님께 고백하고 용서를 빌며 나아가는 양심이다. 이런 사람을 우리는 양심적인 사람이라 부른다.

전적으로 타락한 사람이라도 하나님이 말씀하신 대로 예수를 자신의 구원주 그리스도로 믿고 나가면, 죄 사함을 받고 하나님과의 관계에 있어서 아버지와 자녀의 관계가 회복되어 새 하늘과 새 땅에서 살게 되는 특권을 받게 하신다. 이 특권이 구원이며, 이 말씀이 복음이다.

"내 속 곧 육신에 선한 것이
거하지 아니하는 줄을 아노니
원함은 내게 있으나
선을 행하는 것은 없노라"(롬 7:18).

로마서 7장에 나타나는 사도 바울의 생각이다. 그가 다메섹으로 가는 길에 예수를 만나 회심 후 25년이 지난 지금 자신의 육신 속에는 선한 것이 없다며, 원함은 있으나 선을 행하지 못하고 있다고 말하고 있다. 바울의 이 말은 그가 악하고 추한 마음과 행동으로 세상을 살고 있다는 이야기는 아니다. 그가 하나님과 동행하는 삶을 살아왔으나, 온갖 형태의 정욕과 불경과 유혹을 떨쳐버리기 힘들다는 자신의 이야기를 쓰고 있는 것이다.

사도 바울의 삶이 그런 것이었다면 우리의 삶에 관하여는 질문하여 따져볼 필요도 없다. 바울의 말대로 원함은 있으나 선을 행함은 없었다는 고백은, 인간 자신의 힘으로는 해결할 수 없는, 전적으로 타락한 인간의 심성을 표현하고 있는 것이다. 자신 속에 있는 죄가 바울이 원하는 바는 행하지 아니하고 지체 속에 다른 법이 그를 사로잡아 육신으로는 죄의 법을 섬기게 한다는 것이다(롬 7:18-25).

그러나 로마서 8장에서는 생명의 성령의 법을 따라서 살아가는 이의 삶을 설명한다. 육신을 따라 살면 반드시 죽으려니와 예수를 믿어 우리 안에 예수의 영이 거하면 우리의 죽을 몸도 살게 하신다고 말씀한다(롬 8:11).

우리가 우리에게 죄지은 자를 사하여 준 것같이 (1)

마태복음 6장 12절에는 "우리가 우리에게 죄 지은 자를 사하여 준 것같이 우리 죄를 사하여 주옵시고"라고 적고 있다. 이 말씀에서 우리가 남의 죄를 사하여 줄 권세가 있는 것처럼 되어 있다. 그런데 성경은 하나님 한 분 외에는 사죄의 권한이 없다고 말한다(막 2:7). 마태복음 원문에는 빚(부채)으로 되어 있다. 이 말씀은 하나님께 빚진 자라는 의미가 아니라, 우리가 하나님께 지은 죄가 갚아야 할 부채와 같다는 뜻이다. 우리는 하나님과 빚을 지고 갚는 사이가 아니다. 다만 율법의 요구를 만족시키지 못하고 자녀의 의무를 다하지 못한다는 의미에서 빚진 자가 되는 것이다.

우리말 성경에서는 하나님께 불순종에 대한 용서를 구하는 부담을 죄로 번역하고 있다. 킹제임스 성경을 비롯한 대부분의 영문 성경은 마태복음 6장 12절에서 우리말 성경의 죄를 빚(οφειλημα, 부채, debt)으로 번역하고 있다. 그리고 누가복음에서는 과오, 죄로 번역하고 있다. 어느 것이 정답인지는 알 수 없으나, 죄 사함의 주체가 사람이 될 수 없으며, 오직 하나님 한 분이심은 틀림없는 사실이다(막 2:7). 그러므로 빚(부채)으로 이해하는 것이 더 바른 번역이라고 생각한다.

우리말 성경에서 죄로 번역된, 하나님께 마땅히 갚아야 할 부채는 무엇인가? 그것은 하나님의 말씀에 순종하는 것이다. 그렇게 순종하지 않으면 값을 지불해야 하는데, 그 값은 저주며 사망이다. 곧 하나님의 말씀에 대한 불순종은 영원한 죽음이 된다.

여기서 우리는 순종과 불순종의 관계를 살펴볼 필요가 있다. 어떤 사람의 말처럼 아담이 과일 한 개 먹은 것이 삶의 터전에서 영원히 추방될 만한 큰 죄였겠느냐고 말한다. 이는 과일 하나의 문제가 아니라, 순종과 불순종의 문제다. 세상에는 경범죄도 있고 중범죄도 있어 처벌이 달라지지만 하나님 나라의 법으로는 죄인에 대한 심판은 사망뿐이다. 천국을 가기 위해 마음 수련하면서 기다리는 곳은 존재하지도 않는다. 그러므로 죄는 죄 지은 자를 파멸로 몰고 갈 뿐이다. 이것이 하나님의 공의다. 이는 에덴동산으로부터 지금까지, 그리고 영원히 유효하다.

사도 바울은 "누구든지 율법 책에 기록된 대로 온갖 일을 행하지 아니하는 자는 저주 아래 있는 자라"(갈 3:10)라고 말하고 있다. 그러므로 아주 작은 죄라도 경계해야 한다. 그렇지 않는다면 바늘도둑이 소도둑 되는 것은 시간 문제다. 이 문제는 법적으로 책임져야 하는 문제로, 모든 죄는 해롭고 사악하다. 아무리 작은 죄일지라도 책임져야 한다는 것은, 하나님 앞에 죄인이 된다는 것이다.

예수께서는 산상설교를 통하여 "누구든지 이 계명 중에 지극히 작은 것 하나라도 버리고 또 그같이 가르치는 자는 지극히 작다 일컬음을 받을 것이요"(마 5:19)라고 말씀하신다. 이 말씀을 보면 큰 계명과 작은 계명이 있는 것은 분명하다. 그러나 죄는 경중의 문제가 아니라, 선악의 문제다.

그러므로 그리스도인들은 이 문제에 관하여 매우 심각해질 필요가 있다. 예수께서도 그를 재판하는 빌라도에게 "나를 네게 넘겨준 자의 죄는 더 크니라"(요 19:11)라고 말씀하셨다. 빌라도가 죄가 있으며 빌라도에게 넘겨준 자는 더 큰 죄가 있다는 말씀이다. 십계명을 보면 제1계명부터 4계명은 하나님께 대한 계명이고, 나머지 여섯 계명은 사람 간의 계명이다. 어떤 계명을 지키지 않았을 때 하나님께서 더 크게 책망하실까? 당연히 하나님께 대한 계명이 될 것이다.

여기서 우리의 책임을 생각해 보자. 더 큰 죄와 작은 죄에 관한 하나님의 생각은 우리 사람의 책임과 의무를 실감하게 만든다. 그러므로 그리스도인이 죄를 범하면 천국에서 상급을 잃어버릴 수 있다. 천국의 상급에 관하여는 성경에 언급한 바가 없다. 그러나 반드시 그리스도의 심판대 앞에서 각각 선악 간에 그가 행한 것을 따라 상급을 받게 된다(고후 5:10)고 사도 바울은 말한다. 천국에서 상급의 차이는 있을 것이며 사람이 지은 죄가 그에게 좋을 수는 없다.

"이 백성은 내가 나를 위해 지었나니
나의 찬송을 부르게 하려 함이니라"(사 43:21).

하나님은 그의 백성이 그를 찬송하기를 원하신다. 그런데 그의 계명을 어기면 하나님은 근심하게 되며, 계명을 어긴 자는 찬송하는 사람이 될 수 없다. 하나님을 근심하게 하는 일은 큰 죄나 작은 죄나 모두가 큰 죄가 된다. 이런 맥락에서 복음을 먼저 믿고 가르치고 전도하는 자의 위치에 있는 사람들은 더 큰 책임이 있다. "알지 못하고 맞을 일을 행한 종은 적게 맞으리라 무릇 많이 받은 자에게는 많이 찾을 것이요 많이 맡은 자에게는 많이 달라 할 것이니라"(눅 12:48)라는 말씀처럼 특히 지도자의 위치에 있는 사람들은 더욱 조심하여 행하여야 할 것이다.

그러므로 신자 된 우리는 모든 일에 조심하며 죄 범하는 일이 없어야 할 것이로되, 죄의 경중을 막론하고 하루를 마칠 때는 "하나님 아버지, 나의 죄를 사하여 주옵소서" 하며 기도해야 한다.

지금까지 일반적인 죄란 무엇인지 살펴보았다. 다시 '나의 죄'에 관하여 살펴보자.

예수를 믿은 후 범죄했을 때 그럼에도 불구하고 나는 구원 받을 수 있는지 질문할 수 있다. 이에 대한 답은 "예! 구원 받습니다"이다. 그 이유를 찾아보자. 예수를 자신의 구원주 그리스도로 믿고 거듭나서 하나님의 자녀 된 자는 '양자 됨'에서 탈락되지 않는다. 그리스도인은 범죄하는 일이 있더라도 여전히 용서받는다.

> "그러므로 이제 그리스도 예수 안에 있는
> 자에게는 결코 정죄함이 없나니
> 이는 그리스도 예수 안에 있는
> 생명의 성령의 법이 죄와 사망의 법에서
> 너를 해방하였음이니라"(롬 8:1-2).

이는 율법으로는 죽을 수밖에 없는 인간을 그리스도의 복음으로 살리셨다는 말씀이다. 율법은 인간의 마음에 평안을 주지 못하나, 복음은 평안을 주신다는 말씀이다. 여기서 평안함이란 죄와 사망에서 해방되어 결단코 지옥으로 떨어지지 않는다는 의미에서의 평안함이다. 과연 그럴 수 있을까, 의심할 수도 있지만 이 말씀은 결국 율법과 복음의 문제다.

로마서 7장은 율법은 죄인에게 칭의를 줄 수 없음으로 오직 복음으로만 의롭게 됨을 설명하고 있다. 그리고 바울은 복음을 받은 사람은 율법에서 자유하게 되었으나, 그 자유가 방탕한 생활로 이끄는 것은 절대 아니라고 설명한다. 율법은 선한 것이나, 율법을 지키려 할 때 불안과 갈등을 동반하여 살게 되며, 이때에 악으로부터 구원은 예수 그리스도의 복음이 된다고 설명한다.

그러므로 이제 "예수 그리스도 안에 거하는 자에게는 결코 정죄함이 없다"라고 말씀한다. 하나님께서 우리를 구원하신 것은 우리의 공로가 아니라, 거저 주시는 하나님의 선물이라는 것이다(엡 2:8-9). 여기서 예수께서 우리를 위하여 십자가에 달리심은 우리 죄를 용서하셨고, 또 용서하실 것이기에 하나님께서 그를 믿는 자를 의롭다고 하신 '칭의'는 보존되는 것이다.

사도 요한은 "만일 우리가 죄 없다 하면 스스로 속이고 또 진리가 우리 속에 있지 아니할 것이요"(요일 1:8)라고 말한다. 그리스도인이라 할지라도 죄인이며, 그럼에도 불구하고 "우리 죄를 용서하소서"라고 기도하며 나아갈 때 우리에게 "사랑하는 자들아 우리가 지금은 하나님의 자녀라"(요일 3:2)며 부르고 있다고 상기시킨다. 우리에게 죄가 있을지라도 하나님의 자녀라고 말하고 있다. 자녀의 신분은 상실된 것이 아니며, 양자 됨은 여전히 유지된다. 마태복음에서도 율법과 복음의 문제를 이렇게 설명한다.

"내가 율법이나 선지자를 폐하러 온 줄로 생각지 말라
폐하러 온 것이 아니요 완전케 하려 함이로다……
그러므로 누구든지 이 계명 중에 지극히 작은 것 하나라도
버리고 또 그같이 사람을 가르치는 자는 천국에서
지극히 작다 일컬음을 받을 것이요 누구든지 이를 행하며
가르치는 자는 천국에서 크다 일컬음을 받으리라"(마 5:17, 19).

이 말씀 중에는 계명을 어긴 자도 천국에는 들어갈 것이나, 지극히 작다는 일컬음을 받게 된다고 말한다. 여기서의 계명은 십계명이 될 수 있고 모세오경, 구약성경 전체일 수도 있다. 이렇게 계명을 지키지 못해도 천국에 갈 수 있다는 예수의 말씀은 진실로 놀라운 말씀이 아닐 수 없다. 여기서 율법과 선지자는 구약성경 전체를 말한다. 또 예수께서 말씀하는 완전하게 하신다는 말은 지금까지 완전하지 못했다는 말씀이다. 이제 율법과 선지자들의 노력으로도 완전해지지 못한, 그것을 예수께서 완전하게 이루시겠다는 말씀이다. 그가 완성하심이 인류를 죄에서 구원하신 십자가 보혈이며 부활

이다. 그러나 불완전하던 율법은 폐기된 것이 아니라, 예수로서 완전해진 것이다. 이 말씀 중에 큰 계명과 지극히 작은 계명은 성경에는 없다. 다만 바리새인들이 큰 것과 작은 것에 대한 율법관을 지적하여 하신 말씀이다.

이 말씀 가운데서 우리가 주목해야 할 것은 율법과 선지자들의 가르침이 완전하게 되었는가, 아직도 불완전한 상태로 유지되는가의 문제다. 하나님께서 아담의 죄로 인해 타락한 인류를 구원하시려고 보내신 예수를 믿는 사람을 율법의 요구를 완전하게 이루어 구원하신 것이다. 이것이 복음이다. 이 때문에 율법을 지킴으로 구원을 얻으려 하는 사람은 아직도 예수가 누구신지 알지 못하는 사람이다. 율법은 선한 것이다. 예수 믿고 구원을 받은 사람은 하나님이 주신 선한 일을 하며 살게 하신다. 그러므로 율법은 예수와 그의 가르침을 미리 알려주는 역할을 하고 있다. 또한 예수의 가르치심을 따르는 것은 율법을 바르게 실천하는 길이 된다.

이 말씀은 율법을 지켜야만 구원이 있다고 주장하는 사람들에게 예수께서 보여주시는 설명이다. 예수께서는 율법에 저촉되는, 안식일에 병자를 고치셨다. 만일 당신이 율법을 지켜야만 구원이 있다고 생각하는 사람이라면, 이 사건에서 예수를 비난할 수 있겠는가? "여자를 보고 음욕을 품은 자마다 마음에 이미 간음하였느니라"(마 5:28)고 말씀하신 예수를 율법으로 정죄할 수 있는가! 당신이 그렇게 정죄할 수 없다면, 예수께서 하신 말씀을 믿으라! 그리하면 구원을 받게 될 것이다.

이 과제는 매우 민감한 과제다. 여기서 나올 수 있는 질문이 "율법은 어떻게 해야 하나요?"이다. 이 질문을 예수께 하라! 그리고 그의 말씀을 들으라. 예수 믿고 거듭난 사람이 십계명을 지키지 않을 이유는 없다. 그 계명보다 더한 선행으로 하나님께 칭찬을 받아야 한다. 예수를 자신의 그리스도로 만난 사람은 그렇게 하며, 또 그렇게 하도록 노력하며 성화의 삶을 살아가는 사람이다. 진정으로 그리스도인이 된 사람의 칭의나 양자 됨은 세상 사는 동안에 죄를 범함이 있다 하여도 소멸되지 않는다. 그러므로 우리는 매일의 삶에서 잘못을 인정하고 "우리의 죄를 용서하옵소서" 하며 기도해야 한다.

그런데 내면이 무늬만 그리스도인 사람이 생각보다 많다. 진정으로 거듭나지 못한 채 종교공동체의 멤버로만 사는 사람은 구원받지 못한다. 성령의 열매가 없는 사람들이 이런 사람들이다. 이런 사람을 공동체 안에서 구분하기는 어렵다. 그러나 본인은 자신을 알고 있다. 그리고 하나님이 그를 알고 주시하신다. 우리는 여기서 심각해질 필요가 있다.

당신은 진정으로 거듭난 그리스도인인가? 그렇다면 하나님께 감사함으로 가던 길을 계속 가라. 그러나 아니라면, 하나님의 부르심에 응답하여 예수를 자신의 그리스도로 만나라. 하나님은 걱정하며 오늘도 당신이 돌아오기를 기다리신다. 하나님의 기다림은 당신의 마지막 날 그날까지다. 그때가 지나면 '구원주' 예수 그리스도는 우리의 '심판주'가 되어 우리를 심판하신다. 이때 양과 염소는 죽어 흙으로 돌아가나, 구원받지 못한 사람은 영원히 불타고 있는 지옥으로 간다.

하나님의 자녀가 범죄하면 어떻게 되는가

거듭난 그의 자녀가 범죄할 때 하나님은 근심하신다. 그러나 죄 범한 자녀도 여전히 하나님의 자녀다. 이런 일이 일어날 때 성령께서 근심하신다(엡 4:30)고 말한다. 성령이 함께하지 않는 사람의 삶에 하나님의 샬롬이 찾아오겠는가? 아니다. 그의 삶에는 불안, 걱정, 근심, 불행이 동행하게 된다. 그 결과로 하나님의 징계를 받는다. 성령을 근심하게 하면 징계를 받는다. 그 목적은 징계를 통하여 하나님의 선하신 품으로 돌아오게 하려 하심이다. 하나님의 품으로 돌아온 사람은 창세전부터 준비하신 하나님의 축복을 누릴 수 있다. 여기서 우리가 범하는 죄는 믿음 없는 생각과 행위의 결과다. 믿음에 관하여는 이미 살펴보았으나 다시 한 번 정리해 보자.

"믿음은 바라는 것들의 실상이요
보지 못하는 것들의 증거니
선진들이 이로써 증거를 얻었느니라
믿음으로 모든 세계가 하나님의 말씀으로
지어진 줄을 우리가 아나니 보이는 것은
나타난 것으로 말미암아 된 것이 아니니라"(히 11:1-3).

히브리서 11장은 믿음을 노래하며 약속의 말씀을 순종할 때 우리가 받을 축복을 노래하는 찬송이다. 믿음과 희망은 겉은 비슷하나 속은 전혀 다르다. 희망은 바라는 것이나, 믿음은 확신하는 것이다. 그러므로 믿음은 믿는 사람의 생각과 행실을 주관한다. 믿음 없는 사람의 행실이 하나님 앞에 아름다울 리 없다. 그 결과는 죄다. 그리스도를 통하여 인간을 구원하심을 의심 없이 믿을 때 "믿음은 바라는 것들의 실상"이 되는 것이다.

구약 시대의 믿음은 하나님에 대한 전적인 신뢰다. 하나님의 말씀을 믿고 따르며 자신을 완전히 그에게만 의존하는 것이다(사 7:9). 신약 시대의 믿음도 구약의 믿음과 전혀 다를 바 없으나, 구약 시대에 그들이 믿고 따랐던 하나님께서 보내주신, 그리고 믿으라 하신 '예수를 자신의 구원주 그리스도로 믿는 것'이 신약의 믿음이 된다. 즉 '예수를 육신을 입고 세상에 오신 하나님으로 믿고 따르는 것'이 믿음이다.

이 과정을 누가 인도하시는가? 르페브르 데타플은 "인간은 스스로 믿음을 소유할 수가 없다. 예수께서 주셔야만 소유할 수 있는 것이 믿음이다"라고 말하여 믿음의 과정은 성령의 역사임을 설명하고 있다. 예수의 제자들은 자주 "주여 우리에게 믿음을 더하여 주소서"라고 요청했다. 인간의 이성은 은혜에 이르는 길을 알지 못한다. 하나님의 은혜만이 우리를 믿음에 이르게 인도하신다.

그리스도가 오기 전에는 믿음은 약속의 성취를 볼 수 없었으나 그에 대한 소망과 믿음은 지켰다. 믿음 있는 사람의 바람은 확실한 실체다. 그러므로 사도 바울은 믿는다는 것은 기대하고 바라는 것이 실제로 이루어진 것과 같다고 말한다. 그러므로 '믿음의 사람'은 자신의 이성이나 안목과 식견에 의지하지 않고, 하나님을 의지하는 사람이다.

'믿음의 증거는 무엇인가?' 그것은 예수를 자신의 구원주 그리스도로 믿고 나가는 사람들이 하나님 말씀만 의지하고 나갈 때, 우리가 본 적도 만난 적도 없는 예수를 믿게 하시는 '성령의 역사'다. 하나님께서는 보이지 않는 진리를 우리의 지식을 초월하는 방법으로 보이신다. "그를 믿으면 살리라"(요 11:25-26 참조)라는 약속은 받았으나, 증거가 없다고 생각하는 사람들에게 '예수의 부활'은 약속의 증거가 되었다. 의롭다 칭함은 받았으나 아직도 부패한 삶을 살고 있고, 사죄함은 받았으나 아직도 죄악과 더불어 살아가며, 생명수를 마신 것으로 생각되나 여전히 목마름 가운데서 살고 있는, 우리에게 예수 그리스도가 없었다면 믿음도 증거도 헛것이었다.

그러나 우리가 소망을 갖고 마음속으로 기다리고 있는 구원은 실재(Subsistence)다. 어거스틴은 이 실재를 '확신'이라고 말한다. 마음속의 기다림이 실재며 증거다. 이와 같은 이유로 사도 바울은 "기대하고 바라는 것이 실제로 이루어진 것과 같다"고 말한다. 우리는 이 말을 어떻게 이해하여야 하는지 한번 따져보자.

과연 이 진리가 나에게도 적용되는 것일까? 우리는 의문이 많다. 이 세상을 살면서 좋은 직장과 결혼과 사업을 기대하며 산다. 또 내일의 좋은 날씨를 기대하기도 한다. 그런데 여기서 기다림의 실재는 세상 마지막 날 구원의 실재다. 쉽게 이해하자면 우리의 삶을 다 마친 후 바라는 것은 영원한 천국에서 사는 것이다. 이것이 우리가 '아직 본 적이 없는 상태'에서 천국을 기다리는 것이다. 이 천국을 기대하는 믿음은 기대의 실상이 되고 죄책을 면제받고 천국 가는 사람에게는 복된 소식이 된다. 이 믿음의 '실상'이 예수 그리스도가 되신다.

이와 같은 굳건한 믿음을 가지고 있을 때 우리는 죄로부터 멀어지게 되며 하나님의 말씀을 따라 살아가는 신앙생활을 계속하게 된다. 이것이 성화의 모습이다. 독일 신학자 본회퍼는 "그리스도가 자신의 주 되심(Lordship)을 인정하는 것이 믿음이다"라고 정의하여 "믿음은 자신을 자신 밖에 있는 근거에 정초시키는 것, 즉 영원하고 거룩하신 그리스도 위에 정초시키는 것"이라고 말한다. 이 말씀이 예수를 닮아 사는 진정한 성화의 삶이다. 이때 죄악의 그림자는 사라지며, 우리는 하나님의 밝은 빛 가운데 살게 되는 것이다. 그러므로 "우리의 죄를 용서하여 옵소서" 하며 매일 기도해야 한다.

하나님은 어떤 이유에서 우리를 징계하시나

하나님은 더이상 죄를 범하지 못하도록 우리를 징계하신다고 믿는다. 그러나 하나님의 관심은 징계에 있지 않고 죄인의 마음을 바꾸어(회개) 하나님께 돌아오게 하는 데 있다. 결국에 죄인이 돌아오면 하나님은 탕자를 기뻐하는 아버지의 마음으로 우리를 반기신다. 이 관계를 사도 바울은 성경을 통해 이렇게 말했다.

> "이 예수를 하나님이 그의 피로 인하여
> 믿음으로 말미암는 화목제물로 세우셨으니
> 이는 하나님께서 길이 참으시는 중에
> 전에 지은 죄를 간과하심으로
> 자기의 의로우심을 나타내려 하심이니"(롬 3:25).

예수의 피가 화목제물이 되어 죄인이 구원 받는 것이 하나님 관심의 대상이다. 죄인은 형벌 받아야 마땅하나 죄를 자복하며 그에게 나갈 때 하나님은 의롭다고 하시며 양자 삼아 주신다. 여기서 가장 중심이 되는 말씀은 우리가 지은 '죄를 간과하심'이다. 하나님께 나갈 때 죄를 씻고 나가는 것이 아니다. 죄 있는 그대로 나가는 것이다.

이때 하나님께서 우리의 죄를 보신 후 따지지 않고 넘어가시는 것이 '간과'다. 이 결과를 우리는 '하나님의 은혜'라고 부른다. 여기서 간과한 죄의 책임을 묻지도 따지지도 않는 것이다(사 43:25). 죄로 인한 징계가 중단되며 그 마음에 고통과 수치가 사라진다는 뜻이다. 이 마음이 죄 사함 받은 마음으로 샬롬을 경험하게 된다.

죄 사함은 하나님께서 우리 죄를 덮어주시는 것이다. 죄는 남아 있고 그에 대한 책임도 있으나, 징계를 연기하시고 덮어주시는 것이다. 탕자가 아버지께로 돌아왔을 때 아버지는 탕진한 재산에는 관심이 없었다. 아들에게 책임을 묻지 않았다. 이때에 죄인이 할 일은 죄로부터 돌아서는 것이다. 죄짓던 자리에서 떠나는 것이다. 에스겔 선지자는 "너희는 범한 모든 죄악을 버리고 마음과 영을 새롭게 할지어다 이스라엘 족속아 너희가 어찌하여 죽고자 하느냐"(겔 18:31)라며 죄 범하는 자리에서 나오라고 한다. 이제 사함 받은 죄인은 그 자리에서 나와야 한다. 하나님의 밝은 빛 가운데로 나와야 한다. 그렇지 않는다면 하나님께 반역하는 것이 된다.

신앙 없이 용서가 가능한가? 용서가 먼저인가, 신앙이 먼저인가? 죄 용서는 사람이 받으며 하나님은 용서하시니, 바른 답이 무엇인지 약간 어려울 수 있다. 그런데 베드로는 그 답을 이렇게 하고 있다.

"우리를 명하사 백성들에게 전도하되
하나님이 산 자와 죽은 자의 재판장으로
정하신 자(예수)가 곧 이 사람(예수)인 것을
증거하게 하셨고
저(예수)에 대하여 모든 선지자도 증거하되
저(예수)를 믿는 사람들이 다 그 이름을 힘입어
죄 사함을 받는다 하였느니라"(행 10:42-43).

이 말씀은 이방인 로마의 백부장 고넬료의 집에서 행한 베드로의 설교 마지막 부분이다. 이 설교는 아주 놀랍고 주목해야 하는 복음의 전환을 제공하고 있다. 지금까지 복음은 유대인을 중심으로 선포되었으나 사도 베드로가 처음으로 이방인 고넬료에게 복음을 전파한 것이다. 그 결과로 하나님의 자녀가 되는 길은 유대인이나 이방인이나 인간의 죄책이 사라지면서 그의 자녀가 되는 것이었다. 하나님께서 예수를 모든 사람의 재판장으로 세우셨고 그를 믿는 자에게 죄 사함을 허락하셨다는 선포가 베드로의 설교다.

사도행전은 사도들이 전도하며 살아가는 역사를 상세히 기록한 서신서다. 성령강림 이후 시작된 그리스도교회가 어떻게 전파되었는지를 설명하고 있다. 사도행전에서 사도들의 사역은 복음 선포였다. 예수의 제자 된 우리의 삶에서 초대교회의 모범을 따라가기 원한다면 먼저 사도행전에서 언급되는 교회의 모습과 그들의 예배에서 본을 찾아보자. 설교의 모범과 연설의 실례를 찾아 우리의 신앙생활에 유용함을 따라 행하자.

우리가 살펴본 대로 고넬료의 집에서 베드로의 설교는 우리 믿는 이들이 말씀을 들을 때와 또 말씀을 전하는 설교자의 설교에서도 모범이 된다. 먼저 말씀을 듣는 고넬료는 베드로 앞에서 설교를 들을 때 "주께서 당신에게 명하신 모든 것을 듣고자 다 하나님 앞에 있나이다"라고 말했다. 고넬료는 베드로의 설교를 하나님의 말씀으로 들었다. 이것이 하나님의 말씀을 듣는 진정한 자세다. 우리도 이런 마음으로 설교를 들어야 한다. 또한 설교의 내용도 문제일 수 있다. 베드로는 이렇게 설교한다.

"저희(유대인들)가 (예수를) 나무에 달아 죽였으나
하나님이 사흘 만에 다시 살리사 나타내시되
모든 백성에게 하신 것이 아니요
오직 미리 택하신 증인 곧 죽은 자 가운데서
일어나신(부활하신) 후 (그를) 모시고 음식을 먹은
우리에게 하신 것이라"(행 10:39-41).

베드로가 전한 간단한 이 말씀은 복음의 핵심이다. 이렇게 복음을 전할 때 "저를 믿는 사람들이 다 예수의 이름을 힘입어 죄 사함을 받는다 하였으니라"(행 10:43) 하며 복음 믿는 사람들을 소개하고 있다. 이 간단한 설교가 고넬료의 친척과 그의 친구들을 구원한 것이다. 어떤 이는 이미 고넬료의 집에 성령이 임하였기에 그들이 예수를 믿게 되었다고 하나, 성령의 임재를 따지기 전에 복음의 설교가 없었다면 성령의 임재나 부재는 논쟁거리가 되지도 못할 것이다.

그러므로 고넬료의 집에 성령이 임한 것처럼, 성령의 임재를 원하는 설교자라면 복음을 설교해야 한다. 설교를 통한 복음이 없이 성령의 임재를 원하면 성령 아닌 다른 영이 활동할 수도 있다. 이렇게 복음 없는 설교는 설교가 아닌 연설이 되고 만다. 사도행전에는 다수의 연설이 수록되어 있다. 우리는 그 예를 살펴봄으로 복음 부재의 연설이 하나님의 사역에 어떤 결과로 이어지는지 살펴볼 수 있다.

첫 번째로 가말리엘의 연설(행 5:39)이다. 베드로와 사도들이 복음을 전할 때, 제사장들과 사두개인들이 달려들어 사도들을 옥에 가두며 핍박할 때 바리새인 가말리엘이 연설하기를 "이 일에 참견 말라"였다. 사람의 행위라면 스스로 소멸될 것이라고 했는데, 가말리엘은 하나님을 약간 두려워하는 사람이었다. 하지만 이 연설 속에 복음은 없다.

두 번째로 갈리오의 연설(행 18:14-15, 아가야 총독)이다. 바울이 고린도에서 전도할 때 유대인들이 일어나 바울을 대적하여 법정으로 끌고 갔다. 갈리오가 유대인들 간의 언어와 정치의 문제로 유대인들과 바울의 송사에 재판장이 되기를 거부한 연설이다. 그들의 분쟁을 다소 해결한 것으로 보이나 복음과는 아무런 연관이 없는 연설이다.

세 번째로 데메드리오의 연설(행 19:25-27)이다. 은장색 데메드리오는 우상을 만들어 돈을 버는 사람이었다. 바울이 손으로 만든 신은 신이 아니라 말하여, 은장색들의 기업에 손해가 생겼다. 이에 바울의 복음 선포를 방해하는 연설을 했다.

네 번째로 에베소 서기장의 연설(행 19:35)이다. 은장색들의 소요를 진정시키려는 서기장은 도시 내에서 신전의 물건을 훔치거나, 그들의 여신을 비방하지도 않았으니 총독에게 고발하라며 불법집회를 안정시키려는 연설을 하였다. 복음은 없다.

다섯 번째로 유대인의 연설(행 21:28)이다. 유대인들이 비난하기를 바울이 헬라인을 성전에 데리고 들어가 성전을 더럽게 하였다고 비난했다고, 오해하여 바울을 죽이려는 선동이 있었다. 이 선동으로 바울은 옥에 갇히게 되었다. 유대인들의 비난이었다.

여섯 번째로 변호사 더둘로의 연설(행 24:1)이다. 대제사장 아나니아가 변호사 더둘로와 함께 바울을 재판장 벨릭스에게 고발하는 내용이다. 변호사 더둘로가 바울을 전염병과 같은 존재라면서 고소하는 연설이다. 이 연설에도 복음은 없다.

일곱 번째로 베스도의 연설(행 25:14-21)이다. 바울이 아그립바 왕과 베스도 앞에 재판을 받을 때 바울은 악행은 없고 다만 예수가 죽었다 살아났다는 말을 주장하므로 고소를 당한 것이다. 바울의 학문이 그를 미치게 한 것이라고 비난했다. 복음은 없다.

이상 일곱 사건을 통해서 사건마다 문제의 주제를 설명하는 간단한 연설을 살펴보았다. 이 사건의 모두는 듣는 사람들에게 어떤 내용을 알려서 문제를 해결하려는 의도가 포함된 연설이다. 이런 유의 연설은 청중에게 감명을 주어 문제를 확대하거나 해결할 수 있는 연설이다.

그러나 하나님의 말씀은 이런 유와는 전혀 다르다. 하나님의 말씀을 전하는 것은 연설이 아니라 설교다. 그 말씀 안에는 복음이 포함되어야 한다. 꼭 그래야만 하는가? 아브라함과 이삭과 야곱과 모세와 여호수아와 이사야는 안 되는지 질문한다. 안 되는 것은 아니나, 아브라함과 이삭과 야곱과 모세와 여호수아와 이사야가 보기를 원했던 그분이 예수이기에, 예수를 전하는 것이 복음적이다. 쉽게 이해하자면 이런 것이다. "실체가 보이는데 그 실체를 제쳐놓고 그림자만 설명하는 것이 과연 지혜로운 일인가?" 그 실체는 복음이다.

예수께서 이 세상을 심판하러 오실 때까지 복음은 선포되어야 한다. 왜냐하면 예수께서 부탁하신 일이기 때문이다. 복음이 선포될 때만이 성령의 역사를 기대할 수 있다. 심혈을 기울여 준비된 말씀도 복음이 없는 말씀은 좋은 연설은 될 수 있으나, 좋은 설교는 될 수가 없다. 왜냐하면 그런 설교에는 성령의 감동하심이 없기 때문이다. 어떤 이유에서 이런 주장이 나온 것인지 그 이유를 살펴보자.

> "사도와 같이 모이사 분부하여 가라사대
> 예루살렘을 떠나지 말고 내게 들은 바
> 아버지의 약속하신 것을 기다리라
> 요한은 물로 세례를 베풀었으나
> 너희는 몇 날이 못 되어 성령으로
> 세례를 받으리라 하셨느니라"(행 1:4-5).

예수께서는 하늘에 오르시기 전 이스라엘 회복의 때와 시기는 하나님 아버지께서 자기의 권한에 두셨으니 너희가 알 바가 아니요 오직 성령이 너희에게 임하면 너희가 권능을 받고 예루살렘과 유다와 사마리아와 땅 끝까지 이르러 내 증인이 되리라(행 1:7-8) 말씀하시어 '복음을 전할 때 하나님의 성령이 임하게 됨'을 기록하고 있다. 복음을 선포한 베드로의 오순절 설교도 마찬가지다.

"이스라엘 온 집이 확실히 알지니 너희가 십자가에 못 박아 죽인 이 예수를 하나님이 주와 그리스도가 되게 하셨느니라"(행 5:36) 하며 선포할 때, 이 말을 듣고 그들의 마음이 찔려 베드로와 다른 사도들에게 물어 형제들이여 우리가 어찌할꼬 하며 회개하여 말씀을 받고 세례 받은 수가 삼천이 넘었다고 말한다. 이것이 성령의 역사하심이다.

또 베드로의 솔로몬 행각 설교도 있다(행 3:12). 나면서부터 걷지 못하던 병자를 고친 후 솔로몬 행각에서 유대 백성에게 한 설교다. 베드로는 우리의 권능이 이 사람을 고친 것이 아니라, 아브라함과 이삭과 야곱의 하나님, 곧 우리 조상의 하나님이 그의 종 예수를 영화롭게 하셔서 이 사람이 고침을 받게 되었다고 복음을 전한다.

마지막으로 사도 바울도 설교한다(행 13:16-41). 아직도 전도 대상은 유대인이었으나, 그들이 받아들이지 않자 복음은 이방인에게 향했다. 이 사역은 안디옥교회에서 시작되었다. 이때 안디옥교회는 바울과 바나바를 안수하여 복음 전도자로 세워 복음 전도를 시작하였다. 이 4차에 걸친 바울의 전도여행은 복음을 선포하여 설교하는 것이었다. 바울의 설교에 많은 유대인도 모여 말씀을 듣고자 했다(행 14:44)고 한다. 이렇게 유대인뿐 아니라, 이방인들도 감동을 받은 말씀이 '복음'의 말씀이다.

이처럼 지금까지 사도행전에서의 복음 선포를 통하여 일어난 성령의 역사를 살펴보았다. 이제 오늘날 '우리의 경우'를 살펴보자. 하나님의 부르심을 받고 거듭난 자로 세상을 살지라도, 여전히 우리의 생각과 행동은 죄를 벗어버리지 못한 채로 살고 있다. 그러므로 우리는 주께서 가르치신 대로 매일의 양식을 구하는 것처럼 "우리의 죄를 용서하옵소서" 하며 기도해야 한다.

이렇게 세상을 살다가 주일이 되면 함께 모여 하나님께 예배드린다. 우리는 드려지는 예배를 통하여 죄를 자복하고 하나님의 말씀으로 새로워지며 힘을 얻고, 또 다른 한 주간의 삶으로 나가게 된다. 이때 심령이 새로워지도록 인도하는 '복음'은 예배하는 모든 사람이

들어야 하는 하나님의 말씀이다. 예배를 통하여 복음이 선포될 때 신자는 마음의 죄를 자복하여 회개하고 죄 사함 받아 성화의 삶을 계속 이어가게 된다.

사도행전 6장에서 교회의 집사들을 선출할 때에 그들이 나눈 대화를 들어보자. "우리가 하나님의 말씀을 제쳐 놓고 공궤를 일삼는 것이 마땅치 아니하니"(행 6:2)라고 말하여 교회의 봉사, 구제, 섬김 등 모든 사역보다도 하나님의 말씀을 잘 듣고 배우는 것이 더 중요하다는 사실을 알 수 있다. 그러므로 복음은 설교되어야 하고 배워야 한다.

복음의 말씀을 듣고도 변하지 않는 사람은 누구인가

첫째, 하나님의 진노가 없으리라 생각하는 사람이다. '설마 내가 지옥을 가겠는가! 예수 믿은 햇수가 수십 년을 넘었고, 봉사와 구제와 헌금 등 행한 일이 많은데' 하는 사람이다. 이는 잘못된 생각이다. 하나님이 누구에게나 쉽게 구원을 주실 것이라면 독생자 예수를 십자가에 내어 주셨을까? 절대 아니다. 하나님은 공의의 하나님이다. 그는 죄책을 분명히 묻겠다고 말씀하신다(시 145:17). 하나님은 오래 참으시나 회개하지 않는 영혼에게 용서는 없다.

둘째, 하나님 외에 다른 무엇을 찾는 사람이다. 하늘나라 상급보다 이 세상 상급을 찾는 사람이다. 이는 어리석은 사람이다. 성경에 소개되는 인물 중 세상을 사랑하여 복음 전도를 중단하고 세상으로 간 데마가 있다. 잘 알려진 바는 없으나 이방신을 섬기는 제사장이 되었다는 설도 있다. 하나님의 축복을 외면하고 다른 것을 추구하는 사람의 마지막은 천국이 될 수 없다.

셋째, 확신이 부족하여 복음을 믿지 못하는 사람이다. 확신은 어떤 사상이나 사실을 굳게 의심 없이 믿는 것을 말한다. 양손에 계란을 두 개씩 가지고 있다면 그는 가지고 있는 계란은 모두 넷이라고 확신할 수 있다. 예수께서 갈릴리 호숫가에서 떡 다섯과 물고기 두 마리로 오천 명을 먹이시고 열두 광주리가 남았다는 말씀을 의심 없이 믿는 것, 이런 확신이 있을 때, 예수의 복음도 믿어지게 된다. '그럴 수가 있을까' 하고 의심하면 복음은 다른 사람의 이야기가 되며 그는 복음과는 거리가 먼 저 세상 사람이 되고 만다.

넷째, 스스로 절망한 나머지 천국을 포기한 사람이다. 이런 결정은 매우 어리석은 결정이다.

> "그런즉 한 범죄로 많은 사람이 정죄에
> 이른 것같이 의의 한 행동으로 말미암아
> 많은 사람이 의롭다 하심을 받아
> 생명에 이르렀느니라"(롬 5:18).

에덴동산에서 아담의 범죄가 온 인류가 죄와 함께 살도록 만들었으나, 예수의 십자가 고난 후 부활은 생명을 살리는 새로운 길을 열었다고 사도 바울은 설명하고 있다. 대기 중에는 사람이 호흡하여 생명을 유지하기에 충분한 산소가 있으나, 어떤 이는 엑스트라 산소통 없이는 살 수가 없고, 그것 없이는 죽고 만다. 여기서도 하나님은 모든 인류에게 구원 받을 기회는 주셨으나, 모든 인류를 구원하시는 것은 아니다. 대기 중에 충분한 산소가 있는데도 코를 막고 자살하는 사람도 있다.

그러므로 하나님의 구원계획은 모든 사람을 위한 것이나, 모든 사람에게 해당되는 것은 아니다. 이 관계를 칼뱅은 이렇게 설명한다.

"사도 바울이 은혜를 모든 사람에게 공용되는 것처럼 말하고 있는 것은 그것이 실제로 모든 사람에게 효과가 있는 것이 아니라, 모든 사람에게 제공되기 때문이라는 것이다." 즉 구원은 모든 사람에게 제공되나 모두가 구원 받는 것은 아니다. 예수를 자신의 구원주로 믿는 사람에게만 구원이 있다.

다섯째, 요행을 바라는 사람이다. 요행을 바라는 잘못된 생각으로 복음을 믿지 못하는 사람이다. 그는 십자가상의 오른편 강도와 같이 죽기 바로 전에 하나님의 용서를 구하려 하는 사람이다. 은혜가 한없는 하나님은 구원해 주실 것이라고 생각한다. 대단한 통찰력의 소유자 같으나, 이런 사람은 거짓말하는 사람이다. 자동차를 보험 없이 타다가 사고 나기 하루 전날에 보험 가입할 수 있는가? 아니다. 미리 보험 가입을 하고 차를 운전한다. 마찬가지로 요행으로 구원받는 것은 불가능하다.

"악인은 그 길을,
불의한 자는 그 생각을 버리고
여호와께로 돌아오라 그리하면
그가 긍휼히 여기시리라 우리 하나님께 나아오라
그가 널리 용서하시리라"(사 55:7).

이사야 55장은 선지자가 백성을 부르는 메시지다. 이 메시지는 하나님의 부르심의 메시지다. 이사야는 백성들이 여호와께로 돌아오기를 외치고 있다. 그들이 돌아오면 하나님은 모든 죄를 용서하시고, 자녀 삼아 주신다고 말한다. 불의한 자의 잘못된 생각으로는 하나님의 음성을 들을 수가 없고, 하나님을 만날 수도 없다. 결국 원수 마귀의 자식이 되는 것뿐이다.

죄를 용서받은 우리는 어떻게 변하는가

첫째, 새 생명을 받는다.

키와 몸무게는 전과 같을지라도 그 심령이 새로워진 새사람이 되는 것이다(롬 5:18). 죄를 용서받은 사람은 죄의 속박에서 자유하므로 삶에 평안이 찾아온다. 손해 보는 것 같아서 조급하여 분을 내던 성격이 너그럽게 남을 용서하고 사랑하는 사람으로 변한다. 그러나 생명을 소유하지 못한 사람은 죄로 인한 불안한 삶을 살게 되며, 마지막 날 흙으로 돌아가면 끝이다.

창세기 3장 "네가 얼굴에 땀이 흘러야 식물을 먹고 필경은 흙으로 돌아가리니 그 속에서 네가 취함을 입었음이라 너는 흙이니 흙으로 돌아갈 것이니라"(창 3:19)라는 말씀은 모든 인간에게 해당한다. 죄를 범한 인간에게 부과되는 형벌로 죽음을 말하는 것이다. 이 말씀은 한 인간이 생명이 끝나기 전까지는 죽을 수밖에 없는 형벌에서 구출되는 길이 없다는 말씀이다.

흙으로 지은 인간이 흙으로 간다는 말씀은 인정하나 구원 받은 자가 예수께서 다시 오시면 죽은 몸이 부활하여 하늘나라로 간다는 말씀은 어떻게 설명되어야 하는가? 여기서 좀 고민할 수가 있다. 그러나 하나님의 일하심을 바라보라! 인간 모두가 흙으로 돌아가며 그것이 끝이라면, 예수의 성육신은 무슨 의미가 있으며 부활은 무슨 말인가? 흙으로 돌아가 영원히 어두운 곳에 있게 될 사람은 예수를 믿지 않는 불신자들뿐이다.

둘째, 죄 용서는 이미 큰 축복을 받은 것이다.

세상 어느 누구도 가능성이 전혀 없는 일은 시작하지도 않는다. 만일 하나님께서 우리 죄를 용서하지 않는다면 우리가 기도할 필요가 있겠는가? 시편 기자는 "죄 사유하심이 주께 있도다"라고 말한다. 그러므로 주님께서 가르쳐 주신 대로 "우리 죄를 사하여 주시옵소서" 하며 기도해야 한다. 먼저 우리가 죄를 용서받는 것은 축복이다. 왜냐하면 예수께서 우리를 위해 화목제물이 되셨기 때문이다. 예수께서 흘리신 보혈로 우리 죄가 씻겼기 때문이다. 또한 우리를 의로운 자라 선언하심(롬 3:21)으로 하나님의 자녀로 삼아 주셨다. 그러므로 우리는 축복받은 하나님의 자녀다.

셋째, 죄 용서는 우리가 아버지께 돌아온 것이다.

"여호와께서 그의 앞으로 지나시며 반포하시되
여호와로라 여호와로라 자비롭고 은혜롭고
노하기를 더디하고 인자와 진실이 많은
하나님이로라"(출 34:7).

모세가 시내산에서 하나님의 계명을 받을 때의 일이다. 백성들이 과연 하나님은 어떤 분인가 궁금해 할 때, 하나님은 자신의 이름을 백성에게 알리신다. "여호와로라, 여호와로라, 자비롭고 죄악을 용서하시는 하나님이로라" 하시며 자신을 분명하게 알리신다.

갈 곳 없는 여행자는 하룻밤 묵을 숙소를 찾아야 한다. 이 세상 인생 여행길에서 갈 곳 없는 죄인은 자비하심으로 우리를 용서하시는 하나님께로 돌아가야 한다. 세상으로 갔던 탕자는 갈 곳도, 먹을 것도 없어 아버지의 자비하심을 믿고 집으로 돌아왔다. 그는 아버지의 마음을 따져보고 돌아온 것이 아니다. 아버지를 믿고 돌아온 것이다. 우리의 믿음도 이와 같다. 하나님께서 용서하겠다고 하셨으니 믿고 십자가 앞으로 나아올 때 하나님은 자비하심으로 우리 모든 죄를 사하시고 복 내려 주신다.

만일 우리가 죄 용서받지 못하면

첫째, 만일 우리가 죄 용서를 받지 못하면, 일생을 고통 가운데 살게 된다.

어느 누가 이런 삶을 원하겠는가? 필자는 아니다. 이런 사람은 모든 불행한 일을 만날 때 자신의 죗값으로 생각하여 고통 중에 살게 된다. 일부는 죗값이 맞다. 그러나 하나님은 모든 사람에게 한없는 자비와 사랑을 부어주시는 분이다. 일생에 평화가 없고 괴롭고, 두려움에는 형벌이 있음이라(요일 4:18)고 말한다. 형벌은 곧 지옥이 되기 때문이다. 그러므로 죄 가운데 사는 사람은 아직 지옥에는 가지 않았으나, 그의 삶은 지옥을 살고 있는 것이다.

마음에 샬롬이 없는 이런 사람은 곧 하나님께로 나와야 한다. 어떤 이는 자신이 너무나도 많은 죄를 지었기에 용서받을 수 없다고 생각한다. 그러나 그 생각은 바른 생각이 절대 아니다. 하나님께서 예수를 세상에 보내시고 십자가에서 보혈을 흘리게 하신 것은 우리가 그만한 가치가 있어서가 아니라, 하나님의 사랑이 한없이 크시기 때문이다. 그러므로 우리는 그가 내민 손을 잡기만 하면 구원 받아 평화의 삶을 시작하게 되는 것이다.

사도 바울을 살펴보자. 다메섹 도상에서 예수를 만나기 전 바울에게 선한 것이 있었는가? 그는 독실한 유대교 교인이었다. 열심히 그리스도를 핍박했고, 스데반 순교에 가표를 던져 스데반을 죽게 한 무리의 한 사람이었다. 그는 신성을 모독하였고 십계명을 범한 자다. 그렇게도 복음을 반대하는 바울에게 예수께서는 찾아오셔서, "나는 네가 핍박하는 예수라" 하시며 만나 주셨다.

또 사마리아 여인을 보라. 그녀가 예수를 만난 것은, 그 여인에게 선한 것이 있어서가 아니다. 그녀는 무식했고, 부정했고, 인간성은 막되어 먹어서 예수께 냉수 한 그릇을 주지 못하는 여인이었다. 그런데도 예수께서는 그녀에게 생명수를 주셨다. 이제 우리가 할 일은 간단하다. 그(예수)가 내민 손을 지금 잡기만 하면 되는 것이다.

조금은 다른 이슈이지만, 죄 사함 받고 또 죄에 빠지면 어찌해야 하는가? 우리는 죄와 함께 살다가, 죄와 함께 죽는다. 그러므로 우리는 하나님께 늘 "우리의 죄를 사하여 주옵소서" 하며 기도해야 한다. 성령을 훼방하는 죄 외에는 모든 죄가 용서받을 수 있는 죄라는 것이다(막 3:29). 성령을 거역하는 죄란 성령의 역사를 반대, 방해하는 죄로 교회에서 하나님의 사역을 방해하는 것, 음해하는 것, 교회에 관한 나쁜 소문들을 내는 것, 우리가 보아도 확실하게 반 그리스도적인 악한 일을 하는 것들을 말한다. 이것들은 한마디로 하나님께 반역하는 행위들이다.

우리는 이 문제를 깊이 생각할 필요도, 이유도 없다. 고속도로에서 경찰관은 과속차량을 적발한다. 하지만 과속운전을 하지 않는 사람은 교통경찰의 단속을 염려할 필요가 전혀 없다. 교통경찰을 두려워하는 사람은 그 마음에 과속하기로 마음을 정한 사람이다. 하나님의 뜻대로 세상을 살기로 마음을 정한 사람은 모든 죄를 용서하시는 하나님의 은혜를 생각하며 세상을 사는 사람이다.

우리가 죄 사함 받은 후 어떤 은총을 받는가

첫째, 선한 양심에 자유가 찾아온다.

우리 양심을 고소할 죄책이 사라지므로 자유할 수 있게 된다. 양심에 가책을 느낄 때 그 가책을 덮기 위한 부담이 없어지기 때문이다. 이것이 하나님이 주시는 샬롬의 평화다.

둘째, 담대히 기도하며 하나님께 나아간다.

죄책을 면제받은 자는 "너희는 이렇게 기도하라" 하신 예수 그리스도의 말씀대로 기도하며 하나님께 나아갈 수 있게 된다.

셋째, 죄 사함 받은 사람은 담대히 죽음을 맞이한다.

누구나 죽음은 피하고 싶어 한다. 그러나 누구도 피할 수 없는 실존이다. 하나님께 죄 사함 받은 사람은 죽음을 두려워하지 않는다. 죽음을 두려워하는 사람은 죽음 후에 소망이 없는 사람이다. 죄 사함 받은 그의 자녀에게 죽음의 쏘는 것은 아무 소용이 없다. 죽음은 용서받은 하나님의 자녀를 이기지 못하게 되어 있다(고전 15:55 참조).

결과적으로는 죄 사함 받은 하나님의 자녀에게 죽음이란 멸망이 아니라 지옥으로부터의 구출이 된다. 베드로가 감옥에 있을 때 홀연히 주의 사자가 곁에 서서 옥중에 광채가 조요하며 또 베드로 옆구리를 쳐서 급히 일어나라 하니 쇠사슬이 그 손에서 벗겨진 것처럼(행 12:7), 죽음의 사슬은 더 이상 무거운 짐이 아니라 사죄받은 자녀에게 죽음은 행복한 휴식이 된다. 이것이 죄인을 모든 수고로부터 자유하게 하시는 하나님의 축복이 된다(계 14:13 참조).

헬레니즘 사상가들은 "육체는 무덤이다. 자신의 주검을 지고 가는 불쌍한 존재다"라고 말하여 육체를 가치 없는 무상한 것으로 생각했다. 그러나 사도 바울은 이와 정반대로 "우리의 육체는 장래에 우리가 입게 될 영원한 몸을 생각하면 차라리 몸을 떠나서 하나님과 동거하는 것은 복이 된다"고 말한다.

"만일 땅에 있는 우리의 장막집이 무너지면
하나님께서 지으신 집 하늘에 있는 영원한 집이

우리에게 있는 줄 아나니……
이 장막에 있는 우리가 짐 진 것같이
탄식하는 것은 벗고자 함이 아니요 오직
덧입고자 함이니……이것을 우리에게 이루게 하시고
보증으로 성령을 우리에게 주신 이는 하나님이시니라……
우리가 담대하여 원하는 바는 차라리 몸을 떠나
주와 함께 거하는 그것이니라"(고후 5:1-8).

　세상 철학자들은 인간을 알맹이 없는 껍데기로 생각하나, 사도 바울은 세상에서도 하늘에서도 인간을 아주 귀한 존재로 설명하고 있다. 인간은 하나님께서 그의 형상을 따라 창조하셨으므로 가장 귀한 존재다. 그러므로 자살도, 살인도, 몸에 하는 타투도 하나님께서는 금하셨다(레 19:28).
　여기서 사도 바울이 말하는 죽음을 살펴보자. 그는 인생 말년에 쇠약해진 육체의 질곡을 벗기 원할 때 "차라리 나를 아버지께로 데려가 주세요"라고 말하지 않고 "이 육체를 벗고자 함이 아니요 덧입고자 함이라"(고후 5:4)라고 말하여 우리 영혼은 죽음이 끝이 아니라 영혼의 지속성, 곧 영혼의 영원함을 강조했다. 즉 우리 영혼이 하늘나라에서 영원히 거하게 됨을 설명하고 있다.
　그러므로 죽음이란 이 세상에 살던 육체를 떠나서 하늘나라로 거주지를 옮기는 것으로 이해하면 죽음의 두려움을 극복할 수 있다. 그리고 하나님께서는 이 사실을 믿도록 보증으로 우리에게 성령을 보내주셨다고 말한다. 이 진리를 믿는 것이 믿음이다. 마지막으로 "차라리 몸을 떠나 주와 함께 있는 것"은 바울이 죽기를 원하는 것이 아니라, 자신의 노년을 생각하는 부활 신앙의 고백이다.

사죄받은 것을 감사하며 살기

첫째, 찬양을 쉬지 말자.

감사의 찬양을 부르자. 우리가 매일 부르는 찬양 내용은 대부분이 감사와 하나님께 영광을 돌리는 것이다. 기원이나 소원은 찬양이 아니다 "우리의 소원은 통일"은 찬송으로 부르지 않는다. '찬송'은 우리를 구원하여 새 생명 주심에 대한 감사다. 일부 복음성가에는 기원과 소원, 추억도 있으나 사죄하여 주시고 구원을 허락하신 은혜에 대한 감사의 찬송은 내용이 중요하다.

복음은 진리나, 음악은 진리가 아니다. 그러므로 존 칼뱅은 이렇게 말한다. "찬양이야말로 하나님의 백성이 할 수 있는 최고의 헌신이며, 그 믿음의 진정한 증거다." 또 이 관계를 찰스 스펄전은 "하나님을 찬양하는 것, 이것이야말로 진정한 하나님 자녀 됨의 표시다"라고 말한다. 그리고 찬양은 하나님의 백성만이 하나님께 드리는 특권이다. 찬양에는 감사의 찬양, 결단의 찬양, 영적 헌신의 찬양, 말씀 순종의 찬양도 있다. 그러므로 예수로 말미암아 항상 찬송의 제사를 하나님께 드리자. 이는 그 이름을 증언하는 입술의 열매가 된다 (히 13:15).

따라서 찬양은 신앙의 결과이지, 신앙을 위한 도구도 예배를 위한 준비도 아니다. 이에 대한 결과로 찬양곡을 연습할 수는 있으나 '준비 찬양'이란 말은 찬양을 모독하는 말이다. 왜냐하면 모든 찬양은 하나님께 올려드리는 지극히 거룩한 행위이기 때문이다. 이에 대해 칼뱅은 "찬양은 영적 섬김이다"라고 짧게 설명한다.

둘째, 죄 사함 받았으니 기쁨으로 살자.

"이뿐 아니라 이제 우리로 화목을 얻게 하신
우리 주 예수 그리스도로 말미암아
하나님 안에서 또한 즐거워하느니라"(롬 5:11).

속죄함을 받음이 즐거움이 된다는 말씀이다. 왜 그렇게 생각하는지 살펴보자. 즐거움이 있는 곳에는 슬픔이 물러가게 된다. 즐거움이 없는 곳에는 두려움과 슬픔이 찾아오게 되어 있다. 사도 바울은 로마서 5장에서 하나님을 믿어 거듭난 영혼이 주 예수 그리스도로 말미암아 하나님과 더불어 화평을 누린다(롬 5:1)고 설명한다. 로마서 5장은 신약성경 중에서 가장 이해하기 어려운 장으로 알려져 있으나 하나님의 대속, 곧 속죄함을 알면 그 뜻을 이해할 수 있다.

여기서 하나님의 마음은 '속죄'다. 죽음을 면하지 못하게 될 죄인을 살리시는 것이다. 이 구원계획은 하나님께서 세우셨고, 유대 땅에서 시작하여 온 세상 인류를 통해 성취하신다. 그 과정은 아담의 범죄 후 하나님과의 관계에서 사람은 죽음을 면하지 못할 관계가 설정되어, 모든 인간은 죽게 되었다. 이때에 인간을 사랑하시는 하나님은 인간의 영혼을 살리시기로 결정하셨는데, 이것이 속죄다.

속죄는 인간을 득죄 이전의 아담처럼 하나님의 자녀로 받아 주시는 것이다. 하나님의 속죄로 우리를 하나님의 자녀로 받아 주신 것을 시인하는 것이 곧 믿음이다. 그러므로 속죄함 받고 믿음을 소유한 사람이 어찌 기뻐하지 않을 수가 있겠는가. 이 관계를 로마서에서 사도 바울은 이렇게 설명한다.

"그러므로 우리가 믿음으로 의롭다 하심을
얻었은즉 우리 주 예수 그리스도로 말미암아
하나님과 더불어 화평을 누리자"(롬 5:1).

속죄함을 받기 전 마귀의 자녀로 살던 우리가 하나님의 자녀가 됨으로 하나님과 하나가 된 것이다. 이 결과를 속죄(atonement)라고 부른다. 곧 하나님과 화목되어 하나가 된 것을 의미한다.

우리가 우리에게 죄지은 자를 사하여 준 것같이 (2)

전 장에서 살펴보았듯이 죄는 빚(부채)이라는 의미를 가지고 있다. 빚을 갚는 것은 부담을 안고 있는 상태나 실물을 갚아서 어떤 일이 일어나기 전 상태로 환원시키는 것을 의미한다. 사람 사이에 상태나 실물은 되갚을 수 있으나, 우리와 하나님은 그런 사이가 아니다. 죄와 허물을 하나님께서 용서하셔야 우리의 부담(빚)이 사해지는 것이다. 이 말씀은 글자 그대로 우리가 죄를 갚을 능력이 있고 없음을 논하는 것이 아니라, 우리 죄와 허물이 마치 빚(부채)과 같다는 말씀이 된다. 이 말씀은 비유적으로 해석해야 성경의 뜻과 일치한다.

예를 들어 어떤 이가 양을 도둑질하였는데, 그 양 도둑이 찾아와 양의 값을 물어내고 양 주인은 그 돈을 받고, 없던 일로 한다면 양 도둑의 훔친 죄가 없어지겠는가? 그것은 아니다. 양 도둑은 여전히 양 도둑이다. 그는 하나님께 용서를 받아야만 무죄할 수 있다.

그러므로 우리 사람 사이에서 죄는 용서할 수도, 용서를 받을 수도 없다. 그런데 성경은 이렇게 말씀한다.

"너희가 각각 중심으로
형제를 용서하지 아니하면
내 천부께서도 너희에게
이와 같이 하시리라"(마 18:35).

마태복음에서 이 말씀의 핵심은 이웃사랑이다. 이웃의 죄를 용서하라는 말씀이 아니다. 예수께서 천국을 설명하실 때 보여주신 비유의 말씀이다.

종들과 돈 계산하는 임금의 이야기다. 임금은 일만 달란트 빚진 자를 탕감해 주었는데, 탕감 받은 자는 자신에게 일백 데나리온 빚진 자를 만나 목을 잡고 돈을 요구하며 옥에 가두니, 동료들이 이 사실을 임금에게 고하게 되었다. 이때 큰돈을 탕감 받은 자를 감옥에 가두며 하신 말씀이 마태복음 18장 35절의 이 말씀이다.

이 말씀을 통하여 우리는 하나님의 크신 사랑을 본다. 그리고 하나님의 크신 은혜를 받고도 이웃을 사랑하지 못하는 사람도 본다. 욕심으로 가득한 그 사람의 마음에는 하나님의 사랑도 함께할 자리가 없다. 이런 사람은 하나님께 죄 사함을 청한다 해도, 하나님께서도 그가 한 것처럼 하신다는 말씀이다. 결국 사랑 없는 자에게 사랑이 없다는 말씀이 된다.

십계명을 살펴보자. 1계명부터 4계명은 하나님과의, 5계명부터 마지막까지는 사람 사이의 계명이다. 이 계명 중 어느 계명을 어긴 죄를 우리가 용서할 수 있을까? 하나도 없다. 십계명을 어긴 죄는 하나님만 용서하실 수 있다. 여기서 "우리가 우리에게 죄지은 자를 용서한 것같이"는 하나님의 크신 사랑을 받았으니 서로 용납하라, 곧 서로 사랑하라는 말씀이 된다(요 13:34).

이 말씀은 곧 하나님을 닮아 세상을 살라는 말씀이다. 성경에서도 원수를 사랑한 사람의 이야기가 있다. 먼저는 요셉이다. 실제로 형제들이 요셉을 죽인 것이다. 그러나 형제에게 "당신의 자녀들까지도 기르리라" 하며 용서했다. 여기서 요셉은 형제들을 본 것이 아니라, 하나님의 은혜를 생각한 것이다. 그리고 하나님의 사랑을 나눈 것이다. 얼마나 귀한 행동인가? 우리도 이렇게 살아야 한다고 생각한다. 신약에서 스데반의 순교를 생각해 보자. 복음을 위해 순교하는 스데반은 돌무덤 속에서 "저들의 죄를 저들에게 돌리지 마옵소서" 기도하며 돌에 맞아 숨을 거두었다(행 7:60). 그는 마지막 순간까지도 하나님의 얼굴을 보며 그들을 용서한 것이다.

이처럼 용서 못할 일과 사람을 만날 때, 그 대상으로부터 마음을 하나님께로 향하여 그 대상을 용서해 주시기를 구하면 하나님은 그렇게 기도하는 자를 도우신다.

마지막으로 교회 안에서 분쟁은 어떻게 해야 하는지 살펴보자. 모든 것을 덮고 가야 하는가? 그것은 아니다. 먼저는 하나님이 주신 양심으로 해결해야 하나 그것이 어려우면 교회법을 따라야 한다. 교회법이 해결할 수 없는 일이라면 나라 법에 호소함이 타당하다고 생각한다.

제5장

우리를 시험에 들게 하지 마옵시고
다만 악에서 구하옵소서

우리를 시험에 들게 하지 마옵시고
다만 악에서 구하옵소서

"우리를 시험에 들게 하지 마옵시고
다만 악에서 구하옵소서"(마 6:13).

　이 말씀은 우리가 시험 받아 죄악에 빠지지 않도록 보호하여 주실 것을 요청하는 기도문이다. 곧 시험에 압도당하지 않도록 힘 주시고 지혜를 주시고 나아갈 길도 인도해 주시기를 간절히 바라는 기도다. 그런데 야고보는 하나님은 아무도 시험하지 않으시며, 또 아무에게도 시험을 받지 않으신다(약 1:3 참조)고 말하고 있으니, 이 말씀은 무엇인가 싶다.
　40주야 기도를 마치신 예수께 마귀가 다가와 세 번의 시험을 시도했다(막 1:13). 이 말씀은 하나님의 전능하심을 보인 것뿐이다. 마귀가 예수께 다가와서 시도는 했으나 시험에 들게는 하지 못했다. 이 말씀은 예수께서는 시험 받지 않는 전능한 하나님 되심을 밝히고 있다.
　그러나 마태복음 주기도문의 말씀에서 시험은 우리 인간에 대한 시험을 이야기하고 있는 것이다. 우리를 악으로부터 구하여 주시기를 청하는 기도다. 이 세상에서 죄를 피하여 살아간다는 것은 숨 쉬는 공기 중에서 먼지를 골라내는 것보다 더 어렵다. 그래서인지 어거스틴은 "성도라 할지라도 우리의 일생은 늘 시험 가운데 살아간다"라고 말하고 있다. 그러므로 우리는 늘 "우리를 시험에 들지 말게 하옵소서" 하며 기도해야 한다.

우리가 사탄의 시험을 이겨낼 수도 있을까? 답은 '그럴 수 없다'이다. 사탄의 시험을 이겨낼 수 있다면 기도할 필요는 사라진다. 우리가 기도할 때 악한 세력에 압도당하는 것이 아니라 시험을 이기고 승리하게 되는 것이다. 하나님께서는 이스라엘이 광야와 홍해를 통과하게 하신 것처럼, 한 인간을 하나님의 나라로 인도하시기까지 그 영혼이 어두움의 광야를 지나게 하시고 홍해를 건너게 하신다.

그러므로 당신이 지금 시험을 받아 고난 중에 있다면, 하나님의 확실한 섭리 가운데 광야와 홍해를 통과하고 있다고 믿어야 한다(벧전 1:11). 고난이 지난 후에는 하나님의 영광을 보게 될 것이다.

> "아버지께서 내게 주시는 자는
> 다 내게로 올 것이요 내게 오는 자는
> 내가 결코 내어 쫓지 아니하리라"(요 6:37).

이 말씀은 하나님의 자녀이기만 하면 예수께서 우리를 받아 주신다는 말씀이다. 이 자녀 됨의 문제는 우리가 주기도문 서문에서 이미 살펴본 말씀과 동일하다. 이렇게 하나님께서 우리가 그의 자녀가 되어 구원 받기를 원하시는 그의 사역을 하나님의 섭리(Divine Providence)라고 부른다. 신학에서 말하는 섭리라는 단어는 성경에서는 찾을 수 없으나, 우리 모두가 늘 사용하는 중요하고도 익숙한 단어이다.

섭리는 하나님과 피조물이 지속적인 관계를 유지하는 것을 말하며, 이 관계는 하나님께서 주관하시는 것으로 믿어야 한다. 하나님의 섭리로 창조 안에서 우주 모든 피조물의 생성과 소멸은 절대로 우연이 아니며, 하나님의 무한하신 능력에 의하여 결정된다는 것을 인정해야 한다. 곧 우주 안의 모든 존재는 하나님이 주관하시고 운행하시며 그것들의 활동을 통해 하나님께서는 영광을 받으신다. 그러므로 하나님은 모든 피조물이 보존되기를 원하신다.

> "이는 (예수) 하나님의 영광의 광채시요
> 그 본체의 형상이시라 그의 능력의 말씀으로
> 만물을 붙드시며 죄를 정결케 하는 일을 하시고
> 높은 곳에 계신 지극히 크신 이의 우편에 앉으셨느니라"(히 1:3).

영국 신학자 알쿠인은 "우리는 하나님의 영광을 언어로 표현할 수 없다. 우리가 언어로 그의 영광을 설명할 수 없을지라도 더욱 그를 영화롭게 해야 한다. 왜냐하면 하나님은 우리의 지성과 이해를 초월하시는 전능하신 분이시기 때문이다"라고 설명한다. 이제 예수께서는 하나님이 창조하신 만물을 붙들어 죄를 정결하게 하신다고 말한다. 이 말씀 중에 "붙들다"는 말씀은 하나님의 창조하신 목적에 따른 만물의 운행, 유지, 성장을 뜻하는 것으로 그가 창조하신 목적을 보존하신다는 뜻이다.

여기서 '만물을 붙드셨다'라는 말씀이 우리에게 어떻게 적용되는지를 살펴보자. 이 말은 하나님께서 우리를 '~으로 옮기시고', '~으로 지탱하시고', '~으로 가져오심'으로 에덴동산에서 마귀의 꾐을 따라 범죄한 인간을 다시 정결케 하여 그의 자녀로 삼아 주신다는 뜻이다.

그러므로 우리가 "우리를 시험에 들게 하지 마옵시고" 하며 기도할 때에 시험을 면하게 하시고 면류관을 얻도록 인도하신다(계 3:11).

"네가 나의 인내의 말씀을 지켰은즉
내가 또한 너를 지키어 시험의 때를
면하게 하리니 이는 장차 온 세상에
임하여 땅에 거하는 자들을 시험할 때라"(계 3:10).

하나님 자녀들을 시험에 통과하게 하시고 그의 믿음이 자라나게 인도하시나 땅에 거하는 자 곧 하나님의 약속의 자녀가 아닌 자들은 계속하여 시험을 받게 되며 구원에서 제외된다는 뜻이다. 이러한 시험에 빠질 것을 두려워하는 자는 누구인가? 하나님이 그 아들에게 주신 자인가, 그렇지 않은 자인가? 곧 예수 믿는 자녀인가, 불신자인가? 이것이 매우 중요하다. 하나님의 약속 안에 있는 자는 결코 버리지 않고 구원하신다. 그렇다면 하나님의 그 '언약'은 무엇인가 찾아보자.

"또한 아브라함의 씨가 다 그 자녀가 아니라
오직 이삭으로부터 난 자라야 네 씨라 칭하리라
하셨으니 곧 육신의 자녀가 하나님의 자녀가 아니라
오직 약속의 자녀가 씨로 여기심을 받느니라"(롬 9:7-8).

우리는 '하나님의 언약' 안에 거한다는 것은 무엇을 의미하는지 확실히 알아야 한다. 하나님과 인간의 언약은 언제부터 제정되었으며, 그 언약은 우리에게 어떤 방법으로 적용되는지 알아보자. 여기서 언약이란 하나님과 인간의 관계 상태를 규정하는 것으로 하나님이 제정하신 불변의 협정이다. 이 협정을 하나님은 변경하실 수 있으나 사람은 변경할 수 없다.

사람에게는 협정을 받아들이거나 거절할 수 있는 두 가지 선택이 있다. 약속이란 쌍방 간, 혹은 다자간의 협의로 이루어지나, 하나님과의 약속은 하나님이 제정하시고 인간은 따라야만 하는 특별한 언약이다. 이 언약은 하나님이 지으시고 인간은 따라야 하는 일종의 명령이라고 생각할 수 있다. 명령은 꼭 따라야 하는 것이나, 이 약속은 지킬 수도 거절할 수도 있으므로 약속이 맞다. 이 말씀을 심각하게 사람의 사상으로 표현하자면 '유언'에 가까운 것이다. 그 약속의 내용은 이와 같다.

"곧 내가 나의 법을 그들 속에 두며
그 마음에 기록하여 나는
그들의 하나님이 되고 그들은
내 백성이 될 것이라"(렘 31:33).

"내가 저희 가운데 거하며 두루 행하여
나는 저희 하나님이 되고
저희는 나의 백성이 되리라 하셨느니라"(고후 6:16).

하나님은 우리의 하나님이 되시고, 우리는 그의 백성이 되는 것이 '언약의 본질'이다. 이 언약의 관계는 신구약 성경을 통해 다양한 형태로 나타날 수 있다. 이제 우리는 하나님의 형상을 따라 창조된 인간과 에덴동산에서 타락한 인간의 관계를 하나님 언약을 중심으로 살펴보자.

신학에서는 언약을 세 가지로 구분하여 이해하기 쉽게 설명한다. 삼위일체라는 말은 성경에 없으나 삼위일체 하나님의 존재에 관하여는 명시되어 있다. 이처럼 언약이 세 가지로 명시되어 있지는 않으나 내용은 분명히 기록되어 있다. 신학의 취지가 그러하듯이 하나님의 말씀 속에 있는 진리를 조직적으로 설명하여 하나님에 관한 지식을 학문적으로 제시하는 것이 신학이다. 이 언약의 교리도 이와 같은 맥락에서 살펴볼 때 쉽게 이해하리라 생각된다. 신학에서는 언약을 '행위언약, 구속언약, 은혜언약'으로 나누어 설명한다.

에덴동산에서 하나님과 아담의 언약은 명시되어 있지 않다. 그러나 선지자 호세아는 아담이 언약을 어긴 사람이라고 말하여(호 6:7) 하나님과 아담 사이에 언약이 있었던 것을 언급한다. 언약을 어긴 사건이 하나님께서 금하신 선악과를 먹은 일이다. 그리고 형벌로 죽으리라고 하신 말씀대로 사람은 죽게 되었다.

이 관계를 행위언약이라고 부른다. 이 언약은 하나님과 아담의 관계에서 이루어진 언약으로써 지금 우리에게는 지나간 언약이 되나, 그 내용은 여전히 유효하다. 하나님의 말씀대로 사람은 죽고, 그의 말씀에 반역하면 벌을 받게 되는 것이다. 말씀은 죄의 삯은 사망이라고 말한다(롬 6:23). 한편으로는 행위언약은 더이상 유효하지 않다.

"또 하나님 앞에서 아무도 율법으로 말미암아
의롭게 되지 못할 것이 분명하니
이는 의인이 믿음으로 살리라
하였음이니라"(갈 3:11).

이 말씀도 깊이 생각하면, 바울은 또 율법과 복음의 이야기를 말하는 것일까 생각할 수도 있다. 사실 바울은 철저한 율법주의자였으나 그의 사상이 바뀐 것은 분명하다. 보통 율법이냐 복음이냐에 있어서 책도 많고, 설교도 많고, 또 말도 많다. 그런데 이런 것은 모두 귀한 시간을 낭비하는 것이다. 왜냐하면 하나님은 율법과 복음을 갈라놓으신 일이 없기 때문이다. 그것은 사람의 생각이다.

그렇다면 무엇이 문제인가? 성경 창세기부터 요한계시록까지 하나님의 마음은 인간의 구원이다. 즉 하나님의 '구속사'가 하나님의 뜻이다. 성경 안에서 타락한 인간을 구속하시려는 그의 계획은 먼저 인간의 행위를 보시는 행위언약으로 율법을 주어 지키게 하셨고, 다음으로는 은혜를 주셔서, 그 은혜로 구원 받아 살게 하신 것이다. 구약성경에서 '율법'을 말씀하신 하나님께서 신약성경에서는 '복음'을 말씀하신 것이다. 행위언약 곧 율법으로 말씀하시던 하나님이 은혜언약 곧 복음을 말씀하신 것이다.

언약은 하나님이 제정하시고 우리는 지켜야 하는 것이다. 우리는 언약을 만들 수 없다. 다만 지켜야 할 뿐이다. 그러므로 의인은 믿음으로 산다는 말씀은, 예수께서 십자가에서 죽으심으로 단번에 행위언약인 율법의 요구를 충족시켜서 인간을 구원하셨다는 것이다. 우리가 구원을 받게 되는 과정에서 율법의 행위를 완성하지 못하였는데 예수께서 우리의 그리스도가 되시므로 우리로 하여금 구원의 완성을 얻게 하신 것이다. 이것이 복음이며, 이것을 믿는 것을 예수 믿는 것이라고 말한다.

이 진리는 설명이 필요 없는 진리이다. 그러나 인간의 심성은 신(god)에게나 사람에게나 공경하고 잘해야 복 받는다는 생각 때문에 율법과 복음의 관계를 설명해도 받아들이지 못하는 경우가 많다. 그래서인지 하이키 레이제넨은 "율법을 행하는 것이 율법을 행하지 않는 것보다 더 나쁘다"라고 말하고 있다. 그 이유는 간단하다. 예수께서 하시는 말씀을 듣지 않기 때문이다. 지금 동성애의 문제도 이와 같다. 하나님께서 그리하지 말라 하셨는데, 사람이 하겠다는 것이다. 다수가결의 의사가 하나님의 말씀을 무효화시킨 것이다. 이것은 하나님 앞에 불법이다.

다시 언약의 문제로 돌아가서 어떤 사람이 언약의 요구를 순종하여 구원을 받을 것이라고 생각한다면 이들은 스스로 구원의 소망을 끊어버리는 사람이다. 그 이유를 사도 바울은 이렇게 설명하고 있다.

> "무릇 율법 행위에 속한 자들은
> 저주 아래 있나니 기록된 바
> 누구든지 율법 책에 기록된 대로
> 온갖 일을 항상 행하지 아니하는 자는
> 저주 아래 있는 자라 하였음이라"(갈 3:10).

율법수호자들의 질문은 "율법은 어떻게 하고요?"이다. 걱정할 필요 없다. 오죽하면 바울이 "율법책에 기록된 것 하나도 빠짐없이 지켜 보라. 그리고 밤낮 항상 지켜라. 이 중 한 가지라도 지키지 못한다면 율법 지킨다는 것이 모두 소용없는 일이다. 그 결과 너희는 저주 아래 있다"라고 말씀하였다. 사실로 말하면 복음으로 거듭난 사람은 마음을 감찰하시는 하나님을 생각하여 십계명의 말씀보다 더 자신의 심령을 살피며 살게 되어 있다.

구속의 언약을 살펴보자. 어떤 사람은 말하기를 "나는 예수는 믿으나 신학은 안 믿는다"라고 한다. 심지어 목회자 중에도 같은 말을 하는 사람이 있다. 목회자가 된 사람, 신자가 된 사람 모두 신학을 공부한 사람이다. 왜냐하면 교회에서 배우고 가르치는 것이 신학이기 때문이다.

우리가 퍼즐 맞추기를 시작할 때 모든 조각들을 펼쳐 놓으면 어떤 그림이 나올지 보이지 않으나, 조각들을 맞추고 나면 그림이 보인다. 신학도 이와 같다. 성경에 있는 말씀들을 우리가 이해하기 용이하도록 조직적으로 설명한 것을 우리는 조직신학이라고 부른다. 사실 이 책은 조직신학을 인용한 부분이 많다. 그러나 우리가 알고 있는 성경 말씀을 생각해 보면 모두가 이해할 수 있는 설명이다.

구속언약이 성경에 명시되어 있는 것은 아니다. 이것은 신학적인 구분이다. 삼위일체 하나님, 성부·성자·성령께서 합의하신 언약으로, 성자 예수께서 모든 인류를 대표하여 인간이 되시므로 인간을 대표하여 행위언약의 모든 요구를 충족시키시고, 우리 인간의 죄에 대한 책임을 감당하셔서 십자가 고난을 받으셨다는 것이다. 이 과정을 사도 요한은 이렇게 설명하고 있다.

"아버지께서 아들에게 주신 모든 자에게
영생을 주게 하시려고 만민을 다스리는
권세를 아들에게 주셨음이로소이다"(요 17:2).

이 말씀은 예수께서 십자가 고난을 받으시기 전 제자들에게 전하신 마지막 고별설교를 끝낸 후, 제자들과 성도를 위해 드린 기도문이다. "아버지여 때가 이르렀사오니 아들을 영화롭게 하사 아들로 아버지를 영화롭게 하게 하소서"(요 17:1) 하심으로 자신이 고난을 통하여 성부 하나님께 영광을 돌리기를 기원하며 드린 기도문이다. 여기서 성부께서 성자에게 부탁하신 구원의 언약을 이루시려는 하나님의 마음이 보인다.

여기서 만민을 다스리는 권세는, 하나님이 보내신 예수를 믿는 자에게 "영생을 주는 권세"를 말한다. 다른 한편으로는 보내신 아들을 믿지 않는 자에게 하나님의 진노가 임하도록 하는 권세도 주셨다(요 3:35-36). 그러므로 우리는 예수께서 인류의 마지막 날에 우리의 심판주가 되심을 믿어야 한다(요 5:27). "예수를 믿는 자에게는 영생, 믿지 않는 자에게는 멸망"을 간단명료하게 하신 말씀이 요한복음 3장 16절의 말씀이다.

"하나님이 세상을 이처럼 사랑하사
독생자를 주셨으니 이는
저를 믿는 자마다 멸망치 않고
영생을 얻게 하려 하심이니라"(요 3:16).

이 말씀에는 두 가지 의미가 숨어 있다. 독생자 예수를 구원의 주로 믿는 자에게는 영생을 보장하셨고, 믿지 않는 자에게는 멸망을 예고하신 말씀이다. 이제 좀더 자세히 살펴보면, 어떻게 예수께서 우리를 대신하여 제물이 되어 우리 죄를 사하셨는지 설명하신다.

"그리스도께서는 참 것의 그림자인 손으로 만든
성소에 들어가지 아니하시고 오직 참 하늘에 들어가사
이제 우리를 위하여 하나님 앞에 나타나시고"(히 9:24).

"나의 자녀들아 내가 이것을 너희에게 씀은
너희로 죄를 범치 않게 하려 함이라
만일 누가 죄를 범하면 아버지 앞에서
우리에게 대언자가 있으니
곧 의로우신 예수 그리스도시니라"(요일 2:1).

예수께서 손으로 만든 성소에 들어가지 않으셨다는 말씀은 행위언약을 다 이루셨다는 말씀이다. 또 내가 율법을 폐하려고 세상에 온 것이 아니라, 완성하러 왔다(마 5:17)고 하신 말씀도 같은 뜻이다. 참 하늘에 들어가신다는 말씀은 하나님이 약속하신 천국을 의미한다. 그러므로 예수께서는 죄인을 대표하여 하나님 앞에서 우리의 중보자로 죄인의 구원을 간구하신다. 이 일이 우리의 구원을 이루시는 일이다. 루터는 이 사역을 "그리스도께서 우리를 위하여 승천하지 않으셨다면, 그리스도의 승천은 우리에게 아무 유익이 되지 못했을 것이다. 그러나 그리스도께서 우리를 위해 승천하셨다는 것은 우리에게 큰 영광과 기쁨이 된다"라고 말한다.

이처럼 예수를 자신의 구원주 그리스도로 믿는 믿음이 구속언약을 받아들이는 것이며, 이 믿음은 살아 있는 믿음이 된다. 이렇게 믿고 나아가는 사람을 루터는 "예수를 자신의 구원의 주로 믿고 있는 사람은 의인인 동시에 죄인이다"라고 말한다. 왜냐하면 용서받은 의인이 되나 세상에서 죄와 함께 살 때 죄인이 되기 때문이다. 그러므로 우리는 항상 "시험에 들게 마옵시고, 악에서 구하옵소서" 하며 기도해야 한다. 여기서 우리가 열심히 기도함으로 하나님께서 허락하신 축복을 누리며 살게 된다면 얼마나 좋겠는가.

그런데 누구는 '복음의 말씀을 믿고 신앙생활을 잘하며 사는데 왜 나는 그것이 안 되는가' 하며 고민하는 사람이 생각보다 많다. 신앙생활을 잘하며 사는 것처럼 보이나, 실제로는 예수를 구원의 주로 만나지 못한 채, 하나님의 자녀인 척하면서 사는 사람도 많다. 이런 사람도 예수를 자신의 구원주로 만나야 한다.

지금까지 하나님이 독생자 예수를 우리의 구원주 그리스도로 세우시고 임무를 수여하신 것까지 살펴보았다. 이제 그 진리의 복음이 나의 마음에 어떻게 역사하셔서 내가 예수 믿는 진정한 하나님의 자녀가 되는지 그 방법을 찾아보도록 하자. 어떤 이에게 이 문제는 생사가 달린 문제다.

하나님은 그의 아들 예수로 하여금 죄 사함 받은 사람이 구속언약을 받은 사실을 믿도록 인도하시는 '성령'을 부어 주셨다. 쉽게 이해하자면 우리가 예수를 통하여 구원 받은 사실을 아는 것은, 우리의 지식이나 지혜가 아닌, 예수께서 보내주시는 '성령'께서 그 사실을 알게 하신다는 말이다.

"그가 택하신 사도들에게 성령으로 명하시고
승천하신 날까지의 일을 기록하였노라……
사도들과 같이 모이사 저희에게 분부하여 가라사대
예루살렘을 떠나지 말고 내게서 들은 바
아버지께서 약속하신 것을 기다리라
요한은 물로 세례를 베풀었으나 너희는 몇 날이
못 되어 성령으로 세례를 받으리라 하셨느니라"(행 1:2, 4-5).

성부 하나님은 성자 예수에게, 예수를 믿는 자들에게 '성령'을 부어주는 권세를 주셨으며, 더하여 하늘과 땅의 모든 권세까지도 허락하셨다(마 28:18). 이제 아들로부터 권세를 받은 '성령'이 하나님이 맡겨주신 구속의 언약을 실행하도록, 그리고 이 세상에서 그리스도의 사역이 잘 진행되도록 지금도 열심히 일하신다. 이 일이 성령의 역사하심이다. 이렇게 역사하시는 성부와 성자와 성령의 언약관계를 '구속언약'이라고 한다. 이와 같은 설명의 성경적 근거는 있는가? 이제 찾아보자.

"창세전에 그리스도 안에서 우리를 택하사
우리로 사랑 안에서 그 앞에 거룩하고
흠이 없게 하시려고"(엡 1:4).

"곧 영원부터 우리를 주 그리스도 예수 안에서
예정하신 뜻대로 하신 것이라"(엡 3:11).

"하나님이 처음부터 너희를 택하사
성령의 거룩하게 하심과 진리를 믿음으로
구원을 얻게 하심이니"(살후 2:13).

이 말씀들은 하나님께서 죄인을 구원하시기 위한 계획은 영원할 뿐 아니라, 예수께서 세상에 오시기 전부터 이미 아들 예수에게 주신 약속의 말씀들이다. 이 사역을 '하나님의 구속사역'이라고 부른다. 그런 사명을 미리 받으시고, 세상에 오신 예수 그리스도는 자신의 목적을 분명히 말씀한다.

"내가 하늘로서 내려온 것은 내 뜻을 행하려
함이 아니요 나를 보내신 이의 뜻을 행하려
함이니라"(요 6:38-39).

하나님께서 우리 죄를 용서하시기로 정하신 것은 '예정된 일이며' 예수께서도 성육신하신 뜻이 하나님의 뜻을 행하는 것이라고 말씀하신다. 이제 그렇게 예정하신 하나님의 뜻을 이루시는 데 예수 그리스도의 역할은 무엇인지 살펴보자.

구속언약을 이루시는 데 언약의 보증이 되셨다. "이와 같이 예수는 더 좋은 언약의 보증이 되셨느니라"(히 7:22)는 말씀은 언약은 변할 수 없는 유언과도 같다는 것이다. 예수께서는 이 말씀에 '보증인'이 되셨다는 것이다. 보증이란 당사자가 아닌 제삼자가 법적 책임을 지는 것이다. 예수께서 언약의 보증이 되셨다는 말은 죄인이 구원받는 과정에서 전적인 책임을 지신다는 말씀이 된다.

그러므로 구원을 얻기 위하여 우리는 예수께로 나가야 하는 것이다. 그것을 어떻게 믿을 수 있는가? 그 보이는 보증이 십자가에 흘리신 보혈이며 부활이다. 그 결과 우리를 하나님의 자녀로 삼아 주시고, 그리고 그리스도는 두 번째 아담이 되셨다.

구속언약은 은혜언약의 기초다. 구속언약은 하나님의 은혜를 기초로 하여 이루어진 것이다. 쉽게 이해하자면 우리가 그리스도의 보혈로 죄 사함을 받은 것은 하나님의 은혜가 아니면 이루어질 수가 없다는 말씀이다. 모든 죄인이 하나님의 은혜로 구원받는 것은 사실이나, 먼저는 성부께서 성자 예수를 구속언약으로 모든 인간의 죗값을 치르고 십자가에 죽게 하여 죄를 사하심으로 '언약의 보증'이 되셨다. 이 보증이란 단어는 신약성경에 단 한 번만 쓰인 단어로 죄 사함을 얻게 하는 데 책임을 지신다는 법적 용어다.

그렇다면 질문이 생긴다. 예수께서는 세상 모든 사람의 구원을 보증하신다는 것인가? 모든 사람이 천국에 간다는 말인가? 그것은 아니다. 예수께서 보증하는 사람만 천국에 갈 수 있다. 그러면 보증 받은 사람은 누구일까. 예수께서 보증하는 사람을 "아버지께서 내게 주신 자"로 제한하고 있다(요 6:37). 이것이 하나님 아버지의 선택이다. 이 선택은 "예수 그리스도 안에서"의 선택이며, 하나님의 선하신 뜻에 근거하고 있다. 이 사실의 확실한 설명은 무엇인가? 성경은 이렇게 답한다.

"아들을 보고 믿는 자마다
영생을 얻는 이것이니
마지막 날에 이를
다시 살리리라 하시니라"(요 6:40).

이 말씀은 유대 청년 예수를 자신의 구원주 그리스도로 믿는 자는 하나님의 택하신 자녀가 된다는 것이다.

언약의 세 번째, 은혜언약을 알아보자. 은혜언약이란 행위언약을 통해 제공된 축복을 더이상 받을 수 없게 되었을 때, 다른 수단을 통하여 인간을 구원하시기로, 즉 새로운 방법을 택하신 것이다. 이 때 하나님의 새로운 방법이 '은혜언약'이다. 은혜언약은 하나님의 축복이다. 아담이 에덴동산에서 타락한 후 죽을 수밖에 없는 모든 인간을 구원하시려 언약을 세우셨으니, 이 언약이 값없이 은혜로 주신 '은혜언약'이다. 아담의 불순종이 죄가 되어 하나님과 자녀의 관계가 어그러져 모든 인간은 죽게 되었다. 그러나 하나님은 인간을 다시 살리시려고 타락 이전의 '아버지와 자녀의 관계'를 회복시켜 은혜를 주신 것이다. 이 언약을 '은혜언약'이라고 부른다.

"하나님의 성전과 우상이 어찌 일치가 되리요
우리는 살아계신 하나님의 성전이라
이와 같이 하나님께서 가라사대
내가 너희 가운데 거하며 두루 행하며
나는 저희 하나님이 되고
저희는 나의 백성이 되리라 하셨느니라"(고후 6:16).

"나 여호와가 말하노라 그러나 그 날 후에
내가 이스라엘 집에 세울 언약은 이러하니
곧 내가 나의 법을 그 속에 두며
그 마음에 기록하여 나는 그들의 하나님이 되고
그들은 내 백성이 될 것이라"(렘 31:33).

신약과 구약의 말씀은 본질적으로 같은 말씀이다. 두 말씀은 공히 하나님께서 죄 사함 받은 백성의 하나님이 되시고, 속죄 받은 이들은 그의 백성이 되리라는 언약이다. 구약시대에는 율법 준수를 통하여 하나님과 그의 백성의 관계를 정하셨고, 신약시대에는 하나님과 죄지은 백성 사이에 특별한 중보자 예수 그리스도를 세우시고, 은혜언약의 관계로 들어가기를 원하는 사람이 예수를 자신의 구원주로 믿는 믿음으로 그의 자녀가 되는 것이다.

"그러므로 우리가 믿음으로
의롭다 하심을 얻었은즉
우리 주 예수 그리스도로 말미암아
하나님과 더불어 화평을 누리자"(롬 5:1).

그러므로 우리가 하나님이 세상을 이처럼 사랑하사 예수 그리스도를 우리 구원주로 주신 것을 믿으면(요 3:16) 하나님께로부터 의롭다 하심을 얻고 평화를 누리며 은혜언약 속으로 들어가게 되는 것이다. 이때 그분은 우리의 하나님이 되시고 우리는 그의 백성이 되는 축복을 누리게 된다.

은혜언약이 우리에게 어떻게 실현되는지 알아보자. 행위언약 안에서 인간은 불확실한 순종에 의존하고 있었고, 지금까지 불순종의 연속이었다. 그러나 은혜언약에서 약속의 완전한 순종은 우리가 아닌 예수 그리스도의 순종의 결과로 언약이 완성된 것이다. 이렇게 은혜언약이 완성된 것을 '받아들이는 자에게만' 보상이 이루어지는 것이다. 그 보상이 바로 '구원'이다.

그러므로 은혜언약의 완성은 인간의 불확실한 순종에 의존하는 것이 아니라, 절대적인 하나님의 신성에 의지하는 것이다. 이것은 하나님 부르심에 응답하여 유대 청년 예수를 구원주 그리스도로 믿는 믿음이다.

이러한 관계를 바빙크는 "은혜언약은 믿음에 선행한다. 믿음은 은혜언약의 조건이 아니라, 그 언약 안에 있는 것이 조건이다"라고 말하여 하나님의 갚을 수가 없는 크신 은혜를 소개한다. 이런 은혜를 믿고 그 은혜로 예수 그리스도를 우리의 구원의 주로 보내신 것을 믿는 것이 믿음이라고 설명하고 있다. 그러므로 믿음은 언약이 지닌 모든 복을 누리는 길이 된다. 은혜언약은 죄인을 용서하시는 하나님과 용서받은 죄인 사이의 관계가 아버지와 자녀의 관계로 '다시 설정되는 언약'이다.

하나님의 뜻하신 대로 "나는 너희의 하나님이 되고 너희는 내 백성이 되리라"(렘 31:33; 고후 6:16)라고 하신 언약이다. 이 언약 안에 사는 사람은 세상 마지막 날에 새 예루살렘이 하늘에서 내려와 마지막 약속의 음성을 듣게 될 것이다.

"내가 들으니 보좌에서 큰 음성이 나서 가로되
보라 하나님의 장막이 사람들과 함께 있으매
하나님이 저희와 함께 거하시리니
저희는 하나님의 백성이 되고 하나님은 친히
저희와 함께 계셔서"(계 21:3).

그리고 구원 받은 백성은 새하늘과 새땅에서 영원히 살게 될 것을 약속하셨다. 이상과 같이 하나님의 은혜언약 안에 거하는 사람은 시험을 이길 수 있고 이를 통하여 믿음이 자라게 된다. 이처럼 은혜언약 안에 거하는 사람은 시험 끝에 이김이 있고, 이 시험을 통한 성숙과 축복이 있음을 의심 없이 믿어야 한다.

그렇다면 우리가 만나게 되는 시험은 어디서 오는지 알아보자. 시험은 자신의 마음속으로부터 생겨나기도 하고 외부로부터 오기도

한다. 이 시험은 '꾀다, 시도하다, 어떤 행동을 하도록 유도하다'라는 뜻이 있다. 그 결과는 행동뿐만 아니라 생각까지도 포함하여 사람의 도덕성을 분석해 보거나 악에 빠지도록 유혹하는 것을 말한다. 시험을 쉽게 이해하자면 사람이 마음속에 정하고 있는 보편적이고 정당한 도덕적 가치를 위협하거나 손상하는 순간, 혹은 단기간의 기쁨이나 만족을 위한 유혹을 말한다. 마태복음 6장 13절에서 말하는 "다만 악에서 구하옵소서"에서 악은 이 악한 상태를 말하는 것이 아니라, 사람을 시험에 빠지게 하는 실체 마귀를 말하는 것이다. 결국 마귀와의 싸움에서 지지 않고 이기도록 도와주시기를 기도하는 것이다.

시험은 자신으로부터 온다고 말한다. 유대 사상가들은 사람은 사람 자신의 내면으로부터 일어나는 내적 분쟁에서 걱정이 생긴다고 생각했다. 사도 바울도 자신의 지체 속에 한 다른 법이 마음의 법과 싸워 자신의 지체 속의 있는 죄의 법 아래로 자신을 잡아오는 것을 보고 있다고 말한다.

"내 속사람으로는 하나님의 법을 즐거워하되
내 지체 속에 한 다른 법이 내 마음의 법과 싸워
내 지체 속에 있는 죄의 법 아래로
나를 사로잡아 오는 것을 보는도다"(롬 7:22-23).

사도 바울도 자신의 속사람의 뜻이 아닌, 다른 한 법이 마음을 사로잡아 시험에 빠지게 됨을 고백하고 있다. 이것이 곧 욕심이다. 결국 욕심은 죄를 낳게 되어 있다. 이런 시험은 사탄 마귀로부터 오게 되어 있다. 가룟 유다는 예수와 삼 년이나 동행하던 제자였으나, 사탄의 유혹에 자신의 영혼을 팔아먹은 것이다. 사탄은 우리가 회개한 후 하나님께 가까이 나아갈 때 공격한다. 어차피 마귀의 자식일 때는 마귀의 한 가족으로 생각하고 관심이 없다. 그러나 마귀의 그늘에서 벗어나 하나님께로 나아갈 때, 마귀는 자신들의 소굴로 다시 오게 하려고 공격을 가한다.

마귀는 우리가 사랑하는 사람과 헤어지거나, 사랑하는 사람을 잃어버릴 때 시험하려고 찾아온다. 그 사랑의 관계가 약해지거나 끊어질 때, 외로움이 찾아오며 이때 사탄은 달콤한 말과 거래로 유혹하며 시험에 빠지게 한다. 이런 때일수록 "우리를 시험에 들게 마옵시고" 기도하며 하나님과 깊은 사랑의 관계를 유지해야 한다.

우리에게 죽음의 시간이 찾아오게 될 때, 시험을 받게 된다. 새 하늘과 새 땅에서 영원히 살게 될 확신이 없는 사람은 죽음이 두려울 수밖에 없다. 사탄은 두려워하는 마음에 찾아와 유혹을 시작한다. 그러나 예수를 구세주 그리스도로 믿고 있는 사람이라면 걱정할 필요가 없다. 우리가 땅에 누울 때 우리의 베갯머리를 평안히 해줄 수 있는 말씀이 있다.

"내가 진실로 네게 이르노니 오늘 네가 나와 함께 낙원에 있으리라"(눅 23:43)는 말씀처럼 지금도 예수를 하나님의 아들, 자신의 구원주로 믿는 자들에게 동일한 말씀으로 불러주신다. 그럼에도 불구하고 시험에 빠진다면 하나님께서 어떤 방법으로 우리를 도우시는지 찾아보자.

하나님의 도우심

첫째, 하나님은 성령을 보내셔서 시험을 이기게 하신다.

> "보혜사 곧 아버지께서 내 이름으로 보내실
> 성령 그가 너희에게 모든 것을 가르치고
> 내가 너희에게 말한 모든 것을 생각나게 하시리라"(요 14:26).

하나님의 도움이 시험받는 자의 눈과 귀에 보이는 것은 아니다. 우리가 듣고 배운 성경 말씀이 생각나도록 성령께서 도우셔서 시험을 능히 이기도록 도우신다. 또 하나님의 말씀을 잡고 기도하게 하신다. 요나는 다시스로 가는 배에서 잠에 빠져 있었으나, 큰 물고기 뱃속에서 시험을 당하여 전심으로 기도할 때, 하나님은 그를 도우셨다.

요한복음에서는 성령을 보혜사 성령으로 부른다. 신약성경에 다섯 번 소개되는 보혜사는 단 일 회만 예수 그리스도를 지칭하고 나머지는 성령을 칭한다. 보혜사는 하나님의 말씀을 생각나게 하고, 제자들을 위로하고, 예수께서 하시는 일을 돕고, 말씀을 가르치고 선포하는 사람들을 돕는다.

그러므로 우리가 시험을 받을 때 예수께서 베드로를 위하여 기도하심으로 도운 것처럼 보혜사 성령께서 그렇게 역사하신다. 예수께서 시험받는 이들을 도우시는 것을 보고 루터는 "시험은 그리스도의 포옹이다"라고 말했다. 그럼에도 불구하고 우리는 "시험에 들게 마옵소서" 기도해야 한다.

성도는 마귀의 시험에 의해 잠시 좌절할 수 있으나 결코 마귀에게 굴복하는 일은 없으며, 성도는 마귀와의 싸움에서 후퇴할 수는 있으나 승리를 결코 잃어버리지 않는다. 왜냐하면 성도는 그리스도의 손을 잡고 있기 때문이다. 이런 과정을 통해 하나님은 우리를 도우신다. 하나님의 은혜언약 안에 거하는 우리는 사탄의 시험을 두려워할 것이 아니라, 오히려 사탄을 쳐부수고 승리할 수 있다는 믿음으로 나아가야 한다. 싸움의 승리는 이미 우리의 것으로 믿어야 한다.

둘째, 예수께서는 시험받는 자를 위해 중보기도하신다.

예수께서 마지막 만찬을 마치신 후 베드로가 시험받을 때 "내가 너를 위하여 네 믿음이 떨어지지 않기를 기도하였노니"(눅 22:32)라고 중보기도하신 것을 말씀하신다. 이 기도는 베드로만을 위한 기도가 아니다. 그를 믿는 모든 자녀들을 위한 기도다. 이천 년 전의 기도가 아니다. 오늘도 예수께서는 우리를 위하여 중보기도하신다. 여기서 믿음이 떨어진다는 말씀은 믿음의 분량을 말하는 것이 아니라, 믿음을 떠나 이교도가 되는 것을 말한다. 신앙을 버리는 것을 말한다. 비록 우리가 시험을 받아 좌절할 때도 하나님은 우리가 결코 신앙을 포기하는 데까지 이르지 않도록 보호하신다. 그러므로 우리를 "시험에 들게 마옵소서" 기도해야 한다.

셋째, 하나님은 마귀를 책망하신다.

"여호와께서 사탄에게 이르시되
사탄아 여호와가 너를 책망하노라
예루살렘을 택한 여호와가 너를 책망하노라
이는 불에서 꺼낸 그슬린 나무가 아니냐 하실 때에"(슥 3:2).

우리를 시험하는 사탄의 최후를 보여주시는 말씀이다. 이스라엘이 70년의 포로생활에서 돌아와 성전을 재건하려 할 때 재건을 반대하는 악의 세력을 징계하시는 하나님의 공의를 보이시는 말씀이다. 결국 사탄의 최후는 꺼지지 않는 영원히 불타고 있는 지옥으로 가게 되는 것이다. 하나님은 그의 자녀들을 이처럼 보호하신다.

그러므로 에덴에서 타락한 자녀를 타락 이전의 자녀로 만드시려고 그리스도를 통한 '은혜언약'을 주신 것이다. 이 은혜언약 안에 있는 사람은 사탄의 시험으로 지옥에 갈 수 없는 사람이다. 왜냐하면 하나님은 사탄을 무저갱으로 밀어 버리시기 때문이다(계 12:9, 20:3). 은혜언약 밖에 있는 자들에게 사탄의 역사는 유효하다.

넷째, 하나님은 그의 자녀들을 악한 세력으로부터 지키신다.

"하나님께로서 난 자마다 범죄치 아니하는 줄을
우리가 아노라 하나님께로서 나신 자(예수)가
저를 지키시매 악한 자가 저를 만지지도
못하느니라"(요일 5:18).

예수께서 예수를 믿는 자가 죄를 범하지 않도록 성령의 역사를 통하여 지키신다는 말씀이다. 악한 마귀의 시험에 들 것을 우려하여 예수 믿는 자들을 만지지도 못하게 하신다니, 얼마나 놀랍고 감사한 일인가! 하나님의 은혜언약 안에 거하는 우리를 시험에 빠지지 않도록 그리고 시험으로 인하여 믿음이 떨어지지 않도록 우리를 위해 기도하신다.

예수께서 베드로를 위해 하신 기도를 다시 살펴보자. 시험에 빠진 베드로를 향하여 믿음이 떨어지지 않도록 기도하셨다. 물론 베드로는 예수의 사랑하시는 제자다. 그러나 그는 실수를 많이 했다. 예수께서 하늘나라의 열쇠를 맡기시기까지 신뢰받는 제자임은 틀림이 없다. 그러나 그는 제자들 사이에 누가 더 큰 자인가 시비하였고, 또 예수께서 고난 받으실 것을 예고하실 때 "주여 그리 마옵소서" 하며 반대하였다. 주께서 고난당하시기 전 대제사장의 집 뜰에서는 예수를 세 번이나 부인하였다. 어찌 보면 보통 사람보다도 더 심각한 과오를 범한 제자다.

그러나 부활하신 예수께서는 제자들을 만날 때 베드로의 믿음을 확인하신 후에 "내 양을 치라, 내 양을 먹이라"라고 분부하신 것을 볼 수 있다(요 21:15-17).

우리 입장에서는 베드로에게는 예수님의 특별한 배려가 있는 것 같다는 생각이 들 수 있다. 그런데 보면 예수로부터 사탄아 물러가라 힐책을 받은 일도 있다(마 16:23). 여기에 예수께서는 베드로와 모종의 합의가 있던 것도 아니었다. 베드로는 실수도 하고 방황도 하고 넘어지기도 하였으나 그가 놓치지 않고 잡고 있었던 한 가지는 '예수를 그의 구원주 메시아 되심을 의심하지 않고 끝까지 믿었다'는 것이다.

우리도 예수를 자신의 메시아로 믿고 세상을 살 때, 예수께서 우리가 믿음이 떨어지지 않도록 기도하신다는 것을 의심 없이 믿어야 한다. 이렇게 기도하며 나아갈 때 마귀의 시험을 이길 수 있으며, 하나님께서 예비하신 축복을 누리는 삶을 살게 된다는 것이다. 이제 시험에 들지 않도록 우리 자신이 어떻게 살아야 하는지 찾아보자.

시험을 이기려면

첫째, 성경 말씀에 정통하자.

바울은 마귀의 유혹에 대항하기 위하여 성경의 검을 준비하라고 말한다. "구원의 투구와 성령의 검 곧 하나님의 말씀을 가지라"(엡 6:17)고 한다. 이 말씀은 성경에 정통하라는 명령이다. 예수께서도 마귀의 시험이 올 때 하나님의 말씀으로 물리치셨다. 우리가 천국을 향하여 인생 여정을 걸어나갈 때 곳곳에서 오는 마귀의 공격을 피할 수 없다. 이때 우리의 힘으로는 마귀를 물리칠 수 없으나 하나님의 말씀의 검으로 우리는 승리할 수 있다.

루터는 자신의 경험을 이와 같이 말한다. "나의 마음속에 큰 고민이 있었다. 그러나 내가 성경 말씀에 의지하고 나아갈 때 즉시 그 시험은 사라지게 되었다"라고 말한다. 하나님을 믿는 우리가 하나님 외에 의지할 곳이 어디 있겠는가.

둘째, 욕심을 버리자.

욕심의 사전적 의미는 지나치게 탐내거나, 지나치게 누리고자 하는 마음을 뜻한다. 성경에서는 십계명 중 열 번째 계명에서 자신의 소유가 아닌 것을 탐하는 것을 일러 말씀하신다. "남의 것을 탐내지 말라"고 하신다. 이렇게 탐내는 것을 욕심이라고 말한다. 야고보는 "오직 각 사람이 시험받는 것은 자기 욕심에 끌려 미혹됨이니"(약 1:14)라고 말한다. 그러므로 어떤 것에 욕심이 생기거든 과연 이것이 내가 원하는 성화의 삶에 방해가 되지 않는지를 살피라. 만일 방해가 된다면 그 욕심을 버리라.

셋째, 항상 깨어 있으라.

잠에서 깨어나라는 이야기가 아니다. 이 말씀은 자신의 심령이 깨어 있어야 한다는 말이다. 곧 자신의 마음이 어디에 있는지, 무엇을 살펴보고 있는지, 깨어서 스스로를 성찰하라는 뜻이다. 무엇을 생각하거나 살펴볼 때 눈이 번쩍 뜨이는 그 무엇이 있다. 그것이 바로 자신의 마음이 쏠리는 대상이다. 개인에 따라 차이는 있으나, 바로 그것이 자신을 시험에 들게 하는 요인이 될 수 있다. 사탄은 교활하므로 당신이 싫어하는 일을 통해서 시험하지 않는다. 당신이 좋아하는 것을 통해 시험한다. 그러므로 예수께서는 그가 세상에 다시 오실 때를 설명하시며 제자들에게 "깨어 있으라"고 명하셨다.

"깨어 있으라 내가 너희에게 하는 이 말이
모든 사람에게 하는 말이니라 하시니라"(막 13:37).

그러므로 우리는 영적 경각심을 가지고 살아야 한다. 집주인이 언제 돌아올지, 날 저물 때일지, 밤중일지, 닭 울 때인지, 새벽일지 우리는 알지 못한다. 그러므로 집주인이 홀연히 올 때 우리가 자는 것을 보이지 않도록 은혜언약 안에 사는 성도는 깨어 있어야 한다.

넷째, 시험당할 때 믿을 만한 사람과 고난을 나누라.
성도의 교제 안에 들어가라. 그리고 고통과 시련을 함께 나누고 위로를 받으라. 특별히 믿음의 형제와 고통을 나눌 때 그들을 통하여 하나님의 위로를 받을 수 있다. 마귀는 하와가 혼자 있을 때 찾아와 그녀를 유혹했다. 보디발의 아내도 그 집 안에 아무도 없고 요셉이 홀로 있을 때 찾아와 유혹했다. 우리가 시험을 받을 때 "두 사람이 한 사람보다 나음은 저희가 수고하므로 좋은 상을 얻을 것임이라"(전 4:9)라고 설명하고 있다. 그러므로 마귀를 물리치는 데도 두 사람이 기도하는 것이 홀로 기도하는 것보다 낫다.

이제 우리는 마귀의 시험을 무서워할 것이 아니라 시험을 이기게 인도하시는 하나님께 감사의 찬송을 하게 될 것을 의심 없이 믿어야 한다. 마지막으로 시험을 이기고 나면 우리가 얻는 유익이 무엇인지 찾아보자.

시험의 유익

첫째, 더 큰 믿음을 허락하신다.

성경에서 시험을 끝까지 이겨낸 사람을 찾아본다면 단연 욥을 들 수 있다. 마귀는 욥을 위선자라 욕하고 받은 복이 많기에 하나님을 섬기는 것이라고 비난하며, 욥이 소유한 모든 것을 잃게 되면 하나님을 배반할 것이라고 말한다. 그러나 욥은 자녀들과 모든 재산을 다 잃어버리는 시험을 견디고 마침내 승리하여 다시 축복을 받게 된다. 욥은 쓰라린 시험을 받았으나 시험을 통하여 불 속에서 단련된 황금 같은 믿음을 소유하게 되었다. 시험을 이긴 자에게 하나님은 이전보다 더 큰 상급을 내리신다.

둘째, 시험을 통해 교만이 물러간다.

예수를 선생으로 모시고 따르던 제자들에게 교만이 찾아와 그들을 넘어지게 하였다. 문제는 다름 아닌 "제자들 중 누가 큰 자인가"(눅 22:24)로 다툼이 일어난 것이다. 예수께서 유대의 지도자가 되면 누가 더 높은 자리에 오르겠는가를 다투는 시비였다. 교만한 생각이었다. 잠시나마 제자들은 제정신이 아니었다. 그러나 예수께서 바르게 설명하실 때에 하나님의 나라를 바로 깨닫게 되었다. 하나님의 나라는 섬김을 받는 데 있는 것이 아니요, 오히려 상대방을 섬기며 발까지 씻겨주는, 겸손히 행하는 것임을 가르쳐 주셨다.

그제야 제자들에게 시험은 오히려 예수 그리스도의 뜻을 깨닫는 기회가 되었다. 베드로도 모든 사람이 주를 버릴지라도 나는 언제나 주를 버리지 않겠나이다(마 26:33) 말하는 교만한 행동을 하였으나, 그는 마귀의 시험을 이기지 못했다. 예수께서 십자가에 달리시기 전 세 번이나 예수를 부인하는 시험에 빠졌으나 심히 통곡하고 뉘우친 후 그리스도로부터 다시 부르심을 받고(요 21:22) 죽는 날까지 복음을 전하는 귀한 사도가 되었다.

우리는 시험을 매우 혐오한다. 시험은 누구에게나 부담으로 다가 오지만 그 시험이 우리에게 죄는 아니다(신 22:27). 그러나 루터는 말한다. "시험은 항상 부정적인 결과를 주는 것만은 아니다. 오히려 시험과 묵상기도는 아주 훌륭한 성직자를 만드는 기회다." 또 "하나님께서 그의 자녀들에게 시험을 묵인하시는 것은 자녀들이 교만하지 않도록 인도하시는 것으로, 이들은 탐욕이 정복하지 못한 자들이다"라고 터툴리안은 말한다.

우리가 시험을 받을 때 어떻게 기도해야 하는가? 우리는 일반적으로 시험이 지나가기를 기도한다. 재정의 어려움이 지나가기를, 질병이 고쳐지기를, 사람과의 관계가 개선되기를 기도한다. 성경에서도 이렇게 기도한 예를 볼 수 있다.

이스라엘 백성이 애굽에서 해방되어 고국으로 돌아올 때 그들은 광야를 지나며 하나님께 불평했다. "어찌하여 우리를 애굽에서 인도하여 이 광야에서 죽게 하는고 이곳에는 식물도 없고 물도 없도다 우리 마음이 이 박한 식물을 싫어하노라"(민 21:5) 하며 하나님과 모세를 원망할 때 여호와께서 불뱀을 백성 중에 보내어 그들을 물게 하시니 이스라엘의 많은 사람이 죽게 되었다. 이때 그들은 모세에게 불뱀이 떠나가도록 요청하였으나, 하나님의 응답은 불뱀 대신 놋뱀을 시험의 해결방법으로 주셨다.

우리가 기도할 때 하나님께서는 하나님의 방법으로 문제를 해결하여 주신다. 하나님께서는 은혜언약 안에 있는 자녀들에게 시험을 능히 이길 힘을 주셔서 승리하게 하신다.

우리가 하나님께 용서를 항상 빌어야 함은 우리의 죄 때문이다. 우리는 아주 작은 죄는 별 문제 되지 않겠지 생각하나, 그것은 잘못된 생각이다. 우리가 범하는 모든 죄는 하나님 앞에서는 큰 죄가 된다. 세상에는 경범죄와 중범죄가 있으나, 하나님의 나라에서는 크고 작은 죄가 없다. 아무리 작은 죄라도 벌을 받게 되어 있다. 어떤 사람은 바늘도둑과 소도둑의 차이가 없다는 말인가 하며 불평할지도 모른다. 그러나 하늘나라 하나님의 법은 세상 법과 다르다.

하나님은 하나님의 법대로 심판하시며 상과 벌을 주신다. 하나님께서 심판하실 때 작은 죄를 지은 자를 위하여 덜 뜨거운 지옥을 만들지 않으셨다. 지옥 가기를 두려워하는 자들을 위해 십자가를 보여주셨으며, 보혈을 흘리신 예수를 자신의 구원주 그리스도로 믿으면 천국에 가도록 길을 주셨다. 이제 경범죄와 중범죄를 따질 것이 아니라 무죄판결을 보증하시는 십자가 앞으로 나아가자. 이것이 우리가 새 하늘과 새 땅에서 영원히 사는 길이다.

맺는말

열 처녀의 비유

"저희가 (기름을) 사러 간 동안에 신랑이 오므로
예비하였던 자들은 함께 혼인 잔치에 들어가고
문은 닫힌지라 그 후에 남은 처녀들이 와서
주여 주여 우리에게 열어주소서
대답하여 가로되 진실로 너희에게 이르노니
내가 너희를 알지 못하노라 하였느니라
그런즉 깨어 있으라 너희는 그 날과 그 시를
알지 못하느니라"(마 25:10-13).

이 비유의 말씀은 천국 가기를 원하는 사람이라면 누구든 예외 없이 슬기로운 다섯 처녀와 같이 등에 기름을 예비한 자가 되라는 말씀이다. 이 말씀은 심판이 지연되리라는 말씀이 아니다. 또 신도의 절반 정도만 하늘나라에 갈 것이라는 말씀도 아니다. 이 말씀의 핵심은 깨어 있는 자만이 하나님의 나라를 볼 수 있게 된다는 것이다.

여기서 신랑이 베푸는 잔치는 천국 잔치를 말한다. 미련한 다섯 처녀는 시험에 빠진 것이 아니다. 지은 죄가 많아서도 아니다. 게으

르고 나태한 것도 아니다. 말씀에 의하면 미련했다는 것이다(마 25:3). 그에 대한 대비로 나머지 다섯은 슬기로운 처녀라고 말한다(마 25:4). 이 말씀의 핵심은 슬기로운 자가 되어 천국에 가느냐, 미련한 자가 되어 지옥 가느냐, 둘 중 하나를 택하라는 비유이다.

유대인들의 생활에서 가장 귀하게 여기는 잔치가 혼인 잔치다. 처녀가 혼인할 때는 신부의 집에서 열흘간 신부의 아버지가 연회를 열고 축하하며 즐긴다. 그리고 과부가 결혼할 때는 아버지가 삼 일만 연회를 열어 축하한다. 그리고 신부의 집에서 연회를 마치면 신랑이 신부에게 가서 그녀를 신랑의 집으로 데려오게 된다. 신랑이 신부를 데리고 자신의 집으로 올 때, 그 일행을 맞이하여 안내하는 이들이 여기서 소개되는 열 처녀이다.

이 말씀으로 돌아가서 미련한 다섯 처녀는 신랑이 주관하는 잔치에 들어가지 못했다. 그리고 신랑에게 문을 열어 달라고 간청을 했으나 거절당했다. 신랑은 미련한 다섯을 향하여 '도무지 알지 못한다'고 말한다. 사실 신랑은 미련한 다섯 처녀들을 누구보다도 잘 알고 있다. 잘 알고 있었기에 신랑을 맞이하는 귀한 일꾼으로 선택한 것이다. 그런데 슬기롭지 못하고 미련하여 잔치에서 제외된 것이다.

하나님은 우리를 부르시고 택하셔서 하나님의 자녀로 삼아 주셨다. 그러나 슬기롭지 못하면 우리는 미련한 처녀가 되는 것이다. 그것은 우리의 몫이다. 슬기롭게 세상을 살 것인가, 미련하게 세상을 살 것인가.

먼저 슬기로운 다섯 처녀를 살펴보자. 여기에서 설명되는 슬기로운 처녀들의 행위는 기름을 준비한 것이 전부다. 그러면 기름은 무엇인가? 기름은 신랑을 맞이하기 위한 준비다. 어떤 이는 그 기름이 선행이다, 봉사다, 전도다, 섬김이다 하며 여러 가지로 말하나, 그것은 아니다. 이 모든 일들은 예수 믿는 사람들이 해야 하는 좋은 행위 곧 선행이다. 이와 같은 일은 깨어 있어 기름을 준비한 사람이 하는 일이다.

슬기롭게 등잔에 기름을 준비한 사람은, 우리의 신랑이 되시며 후에는 재판장으로 오실 예수를 자신의 구원주 그리스도로 믿는 사람이다. 깨어 있지 못하여 미련한 처녀는 하나님의 은혜언약 안에 거하지 못한 사람들이다.

이제 우리 자신을 살펴볼 시간이다. 나는 누구인가? 슬기로운 처녀인가, 아니라면 미련한 처녀인가? 이에 관한 답을 자신은 알고 있다. 다만 다른 사람에게 말하지 않을 뿐이다. 그리고 하나님은 당신을 알고 계신다. 당신이 예수를 구원주 그리스도로 만난 사람이라면 감사하며 가던 길을 가라. 이 세상 마지막 날에는 천국 잔치에 참여하여 기쁨을 누리게 될 것이다.

그러나 예수를 아직도 구원주 그리스도로 만나지 못했다면, 지금 무릎을 꿇고 기도하라. "아버지 시험에 들게 마옵시고 악에서 구하옵소서."

하나님은 지금도 탕자를 기다리는 아버지의 마음으로 당신을 기다리신다. 우리의 죄가 크고 작음은 문제가 되지 않는다. 범한 죄가 많고 적음을 따지기 전에 우리의 재판장이신 예수께서 당신을 죄 없는 의인이라 칭하실 것이다. 그러나 우리 하나님 아버지의 기다리심은 우리의 마지막 그날까지다. 그러므로 시험에 들게 마옵시고 악에서 구하여 주시기를 깨어 기도하자. 이렇게 슬기로운 다섯 처녀가 되어 새 하늘과 새 땅에서 영원히 함께 살자!

주기도문 해설
이렇게 기도하는 나는 누군가

1판 1쇄 인쇄 _ 2024년 6월 1일
1판 1쇄 발행 _ 2024년 6월 5일

지은이 _ 박지선
펴낸이 _ 이형규
펴낸곳 _ 쿰란출판사

주소 _ 서울특별시 종로구 이화장길 6
편집부 _ 745-1007, 745-1301~2, 743-1300
영업부 _ 747-1004, FAX 745-8490
본사평생전화번호 _ 0502-756-1004
홈페이지 _ http://www.qumran.co.kr
E-mail _ qrbooks@daum.net | qrbooks@gmail.com
한글인터넷주소 _ 쿰란, 쿰란출판사
페이스북 _ www.facebook.com/qumranpeople
인스타그램 _ www.instagram.com/qrbooks
등록 _ 제1-670호(1988.2.27)
책임교열 _ 강찬휘 · 최찬미

ⓒ 박지선 2024 ISBN 979-11-6143-941-9 07230

책값은 뒤표지에 있습니다.
이 출판물은 저작권법에 의해 보호를 받는 저작물이므로 무단 복제할 수 없습니다.
파본(破本)은 구입처에서 교환해 드립니다.